DU

PAPIER-MONNAIE

ET DE LA

DÉMONÉTISATION DES ESPÈCES

Imprimerie de Gustave GRATIOT, 41, rue de la Monnaie.

DU

PAPIER-MONNAIE

ET DE LA

DÉMONÉTISATION DES ESPÈCES

CONSIDÉRÉS DANS LEURS RAPPORTS AVEC LES BESOINS DU PAYS

Et les développements de la fortune publique

PAR

M. DE LA MOSKOWA

ANCIEN PAIR DE FRANCE

J'entends les Américains dire aux Français : Nous avons
créé, pendant notre révolution, de mauvais papier-monnaie, et cependant ce papier, tel quel , nous a sauvés ;
sans lui, notre révolution était impossible ; et vous qui
avez aussi une révolution à terminer, vous qui , à côté
de grands biens, possédez de grandes ressources......
vous n'oseriez vous confier à cette mesure !
Allons , après avoir commencé votre carrière comme des
hommes, vous ne la finirez pas comme des enfants !

(MIRABEAU , séance du 27 septembre 1790 , Assemblée
constituante, discussion du décret sur les Assignats.)

PARIS

LIBRAIRIE SCIENTIFIQUE-INDUSTRIELLE

DE L. MATHIAS (AUGUSTIN)

QUAI MALAQUAIS, 15

1848

PAPIER-MONNAIE

ET DE LA

DÉMONÉTISATION DES ESPÈCES

I

Dans une société organisée, où l'on croit en Dieu, où l'on professe quelque respect pour la justice et l'humanité, je ne comprends pas qu'on ose admettre *à priori* qu'un homme qui a des bras pour travailler, et qui demande de l'ouvrage, puisse être exposé à mourir de faim.

Si une nécessité aussi cruelle est la conséquence de l'organisation de cette société, c'est qu'alors une pareille organisation est inique et sauvage, et qu'il faut tout faire pour la modifier.

En temps ordinaire, les réformes dont un pays a besoin ne s'y introduisent que lentement; c'est presque toujours par voie de remplacement que les nouvelles institutions s'établissent, en détruisant des abus qui luttent le plus possible pour défendre le terrain qu'on veut leur faire perdre. C'est souvent par des transactions que ces différends se terminent, et il en résulte que, s'il s'agit de réparer des iniquités, on ne fait que demi justice, parce que, de tous les intérêts, c'est à celui de la tranquillité que les gouvernements sont toujours le plus pressés de satisfaire.

Dans les temps de révolutions, il en est autrement: ces bouleversements des empires devraient être considérés comme des calamités publiques, s'ils n'avaient pas le mérite de hâter les améliorations que les pouvoirs constitués, dans leur état normal, ont l'habitude de faire longtemps attendre.

Ils ont en outre pour avantage de mettre en évidence les grandes injustices de l'état de choses qu'on vient de renverser, et de faire porter une vive lumière sur certaines infirmités sociales d'où les chefs du parti vainqueur, il faut en convenir, ont toujours soin de détourner les yeux.

C'est donc un instant à saisir pour les malheureux qui souffrent, car bientôt leurs plaintes deviendront importunes.

Toutefois, si cet instant est bien employé, il servira à cicatriser des blessures, à calmer des maux sur lesquels une législation bienfaisante peut verser un baume salutaire, plus heureuse si elle pouvait en empêcher la reproduction.

Nous sommes dans un de ces moments de crise, où le redressement des griefs est encore possible; les vices organiques de notre vieille société nous ont été révélés par d'effrayants symptômes; au nom du salut public, hâtons-nous d'en conjurer les périls.

La situation financière de notre pays est déplorable.

Le crédit particulier, l'industrie, le commerce y sont dans l'état le plus précaire.

La misère s'accroît tous les jours, et l'hiver approche !

La condition, notamment, des classes laborieuses est plus triste que jamais.

Par suite de la stagnation des affaires et des travaux, la plupart des ouvriers sont en butte aux privations, aux plus dures souffrances.

Et cependant, dans un état civilisé, tout travailleur qui veut gagner sa vie a droit à en obtenir les moyens [1].

On répond à cette proposition :

« Si la société doit du travail à tout homme qui en demande, et un asile, sans doute aussi, à tout nécessiteux qui ne peut pas travailler, il faut donc qu'elle soit assez riche pour subvenir à ces différents besoins; or, elle ne l'est pas.

« Car, on le sait : l'accroissement de la population, en temps ordinaires, le resserrement ou l'émigration des capitaux, en temps de crise, ont pour effet de constater, de plus en plus, l'impuissance où se trouvent les riches et l'État de faire mouvoir tant de bras, de soutenir tant d'existences.

« C'est de cette impuissance, qui parfois de l'état chronique passe à l'état aigu, que dépendent la langueur ou l'anéantissement des transactions, le malaise ou la misère du pays.

« Or, elle est incurable; et c'est là que gît la difficulté qu'aucun effort humain ne saurait vaincre. »

Cette difficulté, j'essaierai cependant de la résoudre, et j'indiquerai comment on peut augmenter la fortune publique de manière à assurer à tous les citoyens, non seulement le nécessaire, mais une honnête aisance, et puis ensuite le superflu.

Comment on peut rendre la vie et l'activité à toutes les sources de la richesse nationale, en développer la puis-

---

(1) Cet écrit était sous presse lors de la discussion sur le principe du droit au travail à l'Assemblée nationale.

sance, et les amener au plus haut degré de prospérité possible.

Car la France, par la beauté de son climat, par sa force et sa vitalité, par l'intelligence de ses habitants, par la place qu'elle occupe dans l'estime des nations, doit nous encourager à avoir foi en elle, et à ne pas douter de son avenir.

Ce n'est pas sa faute, à notre pauvre France, si ses mamelles sont taries, si son sol n'est pas partout fécondé, si ses manufactures sont abandonnées, si son industrie languit, si son commerce se meurt; la faute en est à ceux qui, après avoir renversé l'édifice monarchique, cherchent dans ses débris vermoulus de quoi construire une République; qui pendant six mois d'interrègne, passés dans de vains débats, se sont imaginé qu'il n'y avait rien de mieux à faire qu'à rentrer tout bonnement dans les habitudes économiques de l'ancien gouvernement, et dans les errements financiers qui le faisaient vivre.

Or, comme, sous le régime de la Charte, il n'y avait pas place pour tout le monde au banquet de la vie, il s'ensuit qu'un plus grand nombre de convives ne sauraient s'y asseoir aujourd'hui.

Pour ceux qui consentent à admettre la misère de plusieurs millions de Français comme un mal inévitable, il peut en effet paraître superflu de dépouiller le vieil homme, en matière d'organisation sociale.

Pour ceux qui s'affligent et s'indignent de cet état de choses, il peut sembler urgent d'y porter remède.

Les premiers trouvent la France assez riche, assez féconde comme elle est;

Les seconds affirment que non seulement elle est capable de produire davantage, mais que c'est la faire passer pour une marâtre que de prétendre qu'elle peut refuser du pain à un seul de ses enfants.

Vous, dont la devise est : *Laissez faire, laissez passer,* vous soutenez qu'il y a de l'imprudence à bercer les malheureux d'un espoir chimérique, en promettant le travail à tous.

Je réponds qu'il y a de la cruauté à abandonner nos frères, tant qu'il reste une chance de les sauver.

Vous redoutez un bouleversement social, et vous ne voulez pas toucher à l'édifice, dans la crainte qu'il ne vous écrase en s'écroulant.

Moi, j'appelle avec confiance la protection du ciel sur les réformes qui peuvent améliorer le sort de l'humanité.

Vous considérez la solution du problème comme un rêve.

Je ne le crois pas comme vous insoluble ; or la première condition pour le résoudre est de se le poser.

Donc je le pose, en proclamant le droit que vous contestez.

Cependant, pour tirer les finances du pays de l'état de marasme où elles sont plongées, pour vivifier, comme par enchantement, tous les germes de la fortune nationale, serons-nous condamnés à désorganiser radicalement notre société ? Faudra-t-il, en guérissant ses blessures, en lui assurant le bien-être, en lui donnant le bonheur matériel, méconnaître les lois éternelles de la religion et de la morale, fouler aux pieds le droit de propriété, fondement de toute civilisation, abjurer les sentiments que nous sommes habitués à respecter dès l'enfance, nier la famille, insulter Dieu ?

Non, grâce au ciel, ce n'est pas cet affreux spécifique que je propose, pour soulager l'humanité souffrante ; je n'appartiens pas aux écoles socialistes qui sèment l'effroi devant elles; et je m'éloigne des docteurs de la science nouvelle qui prêchent leur évangile avec des paroles de haine sur les lèvres; car, je le dis en vérité, je ne crois pas qu'ils aient la fraternité dans le cœur !

Toutefois, en honorant ce qui est vénéré, dans la conscience des hommes, depuis le commencement des siècles, j'ai garde de professer le même culte pour les traditions économiques, et pour les doctrines financières qui furent en honneur chez les traitants de tous les pays et de toutes les époques.

C'est à les réformer, ou plutôt à les proscrire que doivent tendre les efforts de notre jeune République.

Mes vœux sont de voir substituer à ces méthodes surannées, des institutions de crédit en harmonie avec les conditions de notre gouvernement démocratique.

La stérilité des valeurs productives du pays, l'insolvabilité du trésor, la misère des classes laborieuses, telles sont les données de la question.

Je vais faire en sorte d'y répondre.

Le principe du gouvernement monarchique constitutionnel est l'antagonisme entre les tendances de tous et la résistance d'un seul. L'équilibre peut sans doute résulter de cette lutte, mais, alors même que la confiance y serait due au pouvoir, elle ne peut lui être accordée sans restriction, attendu l'action qui y est dévolue au chef de l'État, action modératrice, et par cela même impopulaire.

Il n'en est pas de même d'un gouvernement sincèrement démocratique où le peuple sent qu'il fait ses affaires lui-même, où il exerce un contrôle incessant et illimité sur les actes de l'administration dont les membres sont des agents choisis par lui, et conséquemment à l'abri de ses préventions ou de ses injustices.

La confiance étant le fondement du crédit, il résulte donc de cette remarque que, non seulement la nature du crédit de l'État sous une république, doit différer de celui qu'il obtient sous une monarchie, mais que toutes choses égales d'ailleurs, il y repose sur des bases plus solides, et y est susceptible de plus grands développements [1].

La République, système essentiellement électif, est, en effet, la seule forme de gouvernement où l'autorité ne doive pas perdre en influence et en popularité ce qu'elle gagne en prérogatives.

Toute portion importante de l'administration publique y est placée entre les mains ou confiée à la surveillance de citoyens nommés par le peuple ou par ses mandataires.

Les membres du Pouvoir exécutif, aussi bien que les commissions de l'Assemblée, y sont révocables, et c'est le pays en un mot qui gère lui-même ses affaires par l'intermédiaire de ceux auxquels il a délégué ce soin.

Les hommes d'État chargés de veiller aux destinées de la République ou d'en rédiger les codes, n'ont pas sans cesse présent à l'esprit la nécessité de maintenir l'équilibre entre des principes de nature diverses souvent hostiles l'un à l'autre.

Ils n'ont pas l'embarras de rechercher la part qu'il convient de faire dans la législation du pays à un roi, à une aristocratie, au peuple.

Leur mission est bien plus simple : elle consiste à faire prédominer et triompher partout le principe démocratique ; ils n'ont pas un autre intérêt en vue, un autre de-

1. Ce sont les Républiques qui ont commencé les banques là où elles subsistent encore intactes : voyez Venise, Amsterdam, Hambourg. (F.-J. Melon, *Essai politique sur le Commerce*, 1736).

voir à remplir, ils sont choisis dans ce but, et opèrent dans ce sens ; ils ne peuvent donc craindre de voir calomniées ou repoussées par le sentiment public les mesures que l'intérêt public leur dicte ; le peuple, de son côté, est naturellement porté à rectifier les décisions que les dépositaires de sa confiance, que les organes de sa volonté, que les défenseurs exclusifs de ses droits ont prises ; de cette sécurité réciproque naissent les meilleurs résultats. Ainsi, toutes les fois que la confiance des citoyens devient un élément nécessaire du succès d'une mesure administrative, ce qui serait incertain, impossible sous toute autre forme de gouvernement, devient praticable et d'un succès assuré sous un gouvernement où le peuple règne seul.

Quand Law voulut fonder le crédit public en France et démontrer l'utilité d'une banque nationale, à l'instar de la Banque d'Angleterre, il s'efforça surtout de faire comprendre que, dans son système, et grâce à ses combinaisons, le roi ne pourrait pas mettre la main sur les espèces que des particuliers déposeraient au trésor. Conçoit-on qu'on fût obligé de rassurer le public sur la possibilité d'une pareille spoliation ? Il suffit de lire les écrits des financiers de cette époque pour se convaincre que c'était là en effet le point scabreux.

Le rôle d'un surintendant des finances animé d'un désir sincère de faire le bien, était assez ingrat, on en conviendra, à remplir dans un pays et dans un temps où il était établi en principe « qu'un ordre du roi suffisait en tout temps pour disposer d'un dépôt d'espèces qui se trouvait dans le royaume [1]. »

L'histoire de l'altération des monnaies et des exac-

---

1. Steward, livre IV, partie ii, chap. 35.

tions commises par les rois de France en matière de finances, depuis Enguerrand de Marigny jusqu'à M. de Calonne, donnent la mesure des garanties qu'offraient, sous l'ancienne monarchie, la conduite des deniers publics. Personne ne croira sans doute que l'abus des finances de l'État sous le règne de la Charte, que le milliard des émigrés, que les scandales de l'agiotage pour les chemins de fer, que la corruption exercée par les dépositaires du pouvoir aient été de nature à accréditer beaucoup jusqu'à présent l'autorité, auprès des citoyens, en ce qui touchait notamment le règlement de la fortune publique; mais qu'on y songe cependant, les choses sont sur un autre pied aujourd'hui, et aucune de ces malversations, aucun de ces abus ne pourrait se renouveler.

Du moment alors où le soupçon ne saurait plus atteindre les administrateurs de nos finances, qu'aucun emploi fâcheux ou inutile des ressources du pays ne serait plus à craindre de la part de ceux à qui est confiée la mission de les faire valoir, qui peut douter que la confiance publique, c'est-à-dire le crédit de l'État, ne s'établisse sur les bases les plus solides? qui oserait lui refuser la faculté d'atteindre à des proportions en rapport avec la puissance et la fécondité de notre beau pays?

Mais vous n'avez donc pas foi dans les institutions républicaines, et c'est donc que vous ignorez leurs vertus, vous qui, suivant péniblement l'ornière monarchique, cherchez à vous créer des ressources précaires en recourant à des emprunts onéreux !

Ce sont là, ne vous en déplaise, les expédients des gouvernements usés, et non les moyens que doit mettre en usage un État plein de sève et de jeunesse !

II

La monnaie ou le numéraire, quel qu'en soit la nature, est non seulement un moyen d'échange dans la main des hommes, mais est aussi le signe représentatif d'un échange accompli.

En effet, le consommateur qui en apporte sur le marché pour faire des achats, ne peut l'avoir acquise que comme rémunération de son travail, ou comme prix de marchandises qu'il aurait cédées ; or, dans les deux cas, il y a trafic, c'est-à-dire échange.

Donc, plus il y aura de monnaie en circulation, et plus l'on pourra dire que la somme des travaux et des transactions commerciales effectués récemment aura été considérable.

Or, l'activité des travaux et des transactions étant l'indice de la richesse d'un pays, il en résulte que cette richesse est en proportion directe avec la quantité de numéraire qui y circule.

Si les travaux cessent, si les transactions s'arrêtent, la circulation du numéraire diminue, puisque son apparition sur le marché annonce, ainsi que nous venons de le faire voir, la multiplication des travaux et des échanges.

Mais, d'un autre côté, si la monnaie disparaît de la circulation, travaux et affaires sont paralysés, par cela seul que la monnaie est l'élément vital des échanges, et que, sans numéraire, il ne saurait y avoir d'achat ni de vente.

Donc l'existence et la prospérité du commerce dépendent directement et intimement de la circulation de la monnaie, et par conséquent de la quantité de monnaie qui existe dans le pays, et peut y circuler.

Dès lors, plus l'on répandra le numéraire dans un pays, et plus ce pays deviendra prospère.

Tout ce qui facilitera la diffusion, la multiplication du numéraire sera un avantage, tout ce qui le gênera sera un inconvénient.

Mettre des bornes à la quantité de numéraire disponible, c'est, en restreignant cet aliment essentiel des transactions, apporter des entraves aux aspirations du commerce, c'est obstruer, sinon tarir, les sources du travail, de la production et de la consommation, ces éléments inépuisables de la fortune publique.

Or, puisque ces éléments sont inépuisables, la quantité de monnaie ne saurait être bornée.

C'est pourtant ce qui a lieu, et c'est à cette anomalie seule qu'on doit attribuer la gêne et la misère dont souffrent un si grand nombre des habitants de la France. En employant des métaux précieux que nous sommes obligés de faire venir à grands frais des pays étrangers, puisque notre sol n'en produit point, nous rendons plus coûteuse et par conséquent plus restreinte la confection du numéraire, il faut bien que quelqu'un paye les lingots avec lesquels la monnaie se fabrique; or, qui les solde? dans les échanges qui s'opèrent au moyen de la monnaie métallique, évidemment les contractants. C'est un impôt que l'obligation d'employer cette espèce de numéraire, prélevé *à priori* sur la bourse de l'acheteur et du vendeur.

Cette obligation, toutes choses égales d'ailleurs, doit rendre les transactions plus onéreuses, et partant moins fréquentes.

Incapable de suivre le progrès du pays dans son essor productif, notre impuissance monétaire aime mieux lui dire : « Tu n'iras pas plus loin ! Puisque tu as des ailes, et moi des jambes de tortue, il vaut mieux que tu t'arrêtes. »

En vain voudra-t-on m'objecter que la monnaie métallique a sur les autres l'avantage d'être non seulement un signe représentatif, mais aussi une marchandise, en raison de sa valeur intrinsèque.

J'admets le fait de la valeur intrinsèque, mais non pas comme un avantage, j'ai prouvé que c'était un inconvénient ; d'ailleurs je répondrais avec Mirabeau que si l'argent est une marchandise, « je n'ai pas encore ouï dire qu'on eût grande hâte de la porter au marché pour s'en défaire. »

Nous venons de reconnaître que tout ce qui imposait des bornes à la multiplication des monnaies contrariait l'action essentielle qu'elles sont appelées à exercer dans les transactions du commerce.

Nous sommes en droit d'en conclure déjà que le numéraire de papier étant de tous le plus économique à fabriquer et le plus facile à répandre, il doit être choisi de préférence aux autres espèces de numéraire.

Avant de mettre en lumière cette vérité sous toutes ses faces, il importe de rappeler quelques principes d'où nous la ferons encore mieux découler plus tard.

Un capital est une somme de valeurs acquises d'avance.

Des billets de banque, un sac de pièces d'or, quelques hectares de terre, une maison, des marchan-

dises, etc., tout aussi bien que la somme des travaux
exécutés par un ouvrier, sont des capitaux.

Maintenant le crédit est l'expression approximative
de la confiance qu'inspire, suivant les conditions où il
est placé, tel ou tel capital qu'on croit productif.

Il se mesure, en général, par le chiffre d'une avance
en numéraire à une maison de commerce, à un entrepôt, à un terrain, à une usine, car tous ces capitaux
sont productifs.

L'industrie du négociant, la vente des marchandises,
les récoltes de la terre, le travail des machines offrent
non seulement des garanties de remboursement, mais
aussi des chances de bénéfice aux prêteurs.

Indépendamment de ce genre de crédit, il en est un
autre d'une signification plus générale, et dont les proportions sont bien plus étendues.

Tout capital peut acquérir, par cette seconde nature
de crédit, un accroissement particulier.

Témoin ce qu'on appelle le crédit public, celui de
telle ou telle maison de banque, le cours des actions
industrielles et des valeurs diverses cotées à la Bourse
ou dans la coulisse; elles augmentent ou diminuent,
elles s'élèvent ou s'abaissent, suivant la confiance souvent arbitraire qu'inspirent les différentes bases sur lesquelles elles reposent.

On sait que le capital mis dans les affaires par un
banquier habile et heureux, peut se quintupler, se dé-
cupler même entre ses mains; en ce sens que le mouvement de ses fonds lui rapporte, grâce aux escomptes,
aux commissions et autres opérations de banque, autant
que dix capitaux dont les neuf-dixièmes cependant lui
manquent.

Si la sécurité qu'inspire la signature de ce banquier

2

peut ainsi multiplier ses ressources par la création d'un crédit qui n'est fondé souvent que sur une base assez étroite ; si le public, par une sorte de témérité confiante, accepte son papier, bien qu'en sachant qu'il ne serait peut-être pas en état de faire face à ses engagements, dans le cas où il viendrait à être sommé d'y satisfaire, on se demande comment la terre, les maisons, les marchandises, le travail, tout ce qui a par soi-même une valeur réelle, positive, ne pourrait pas aussi bien, pour le moins, se mobiliser ; comment ces capitaux ne fourniraient pas l'élément d'un papier numéraire, représentation de la fortune du pays, qui serait émis par l'État, et qui, étant la figure des richesses territoriales et nationales, éminemment susceptibles d'accroissement, rivaliserait, dès à présent, avec les valeurs monétaires en usage, en attendant l'instant de les remplacer tout à fait.

Nous traiterons tout à l'heure plus au long cette question ; bornons-nous à remarquer pour l'instant que, par une singulière contradiction, le crédit qui s'établit chez nous sur des fondements conventionnels, inconnus, incertains, souvent imaginaires, grâce aux efforts de ceux qui ont intérêt à l'égarer, hésite à se confier aux bases les plus solides, et craint de prendre *la proie pour l'ombre.*

On voit aussi qu'en analysant les éléments du crédit national, on arrive à lui découvrir des bases nombreuses, aussi variées que productives, mais pour la plupart dédaignées, il faut le dire, ou insuffisamment exploitées.

Que de terrains en friche dans notre pays qui pourraient porter de riches moissons ! que de trésors enfouis qui n'attendent qu'un coup de pioche pour apparaître !

III

Les fondateurs de l'économie politique en France ont dit :

« Le commerce est l'échange des biens distribués par la nature en différents endroits, et que l'intérêt réciproque nous rend communs.

« Tous ces biens se communiquent à nous en circulant d'un endroit à l'autre, jusqu'à ce que nos besoins satisfaits les aient consommés. La circulation est donc l'essence du commerce, la consommation en est la fin [1].

« La monnaie est dans l'État ce que le sang est au corps humain; sans l'un, on ne saurait vivre; sans l'autre, on ne saurait agir. La circulation est nécessaire à l'un comme à l'autre, et le crédit figure dans le commerce, comme les esprits ou la partie la plus subtile du sang [2]. »

La mobilisation, c'est-à-dire la multiplication au moyen de signes représentatifs de toutes les valeurs productives, entre les mains des citoyens, est donc le but que nous nous proposons d'atteindre. Nous voulons qu'elles puissent circuler sans entraves, dans les innom-

---

1. Dutot, *Réflexions sur le Commerce et les Finances.*

Dutot fut l'un des caissiers de la compagnie des Indes, et l'un des commentateurs les plus savants et les plus ingénieux du système de Law. (E. Daire).

2. Jean Law, *Second mémoire sur les Banques.*

brables artères qui entretiennent la vie commerciale et industrielle du pays.

Nous attendons d'incalculables bénéfices pour la fortune nationale de leur diffusion intelligente ; tout, dans notre pensée, doit donc tendre à l'activer. Et cela est bien nécessaire quand on réfléchit à l'état actuel de notre civilisation, si active et si avancée en ce qui touche aux sciences, aux arts, et surtout aux institutions politiques, si retardataire en matière de finances [1].

N'en déplaise à notre amour-propre national, nous sommes terriblement arriérés en fait de crédit [2] ; ce bon

---

1. Le chiffre de notre dette publique montait au 1er janvier 1846 à 5,521,272,208 fr. pour la dette inscrite et à 428,461,618 fr. pour la dette flottante, total environ six milliards. La dette publique anglaise était en 1837, suivant M. Moreau de Jonnès, de 19 milliards 132,487,000 fr. Nous possédions, en 1840, 2,800,000,000 fr. de pièces d'argent, des pièces d'or pour 200 millions, et 50 millions d'espèces de cuivre. C'est à peu près le double des espèces monnayées de l'Angleterre, et cependant nous avons cinq ou six fois moins de papier en circulation que la Grande-Bretagne.

Il paraît que les Anglais ont depuis longtemps été nos maîtres en fait de crédit. J.-F. Melon, inspecteur-général des fermes à Bordeaux sous M. d'Argenson, écrivait en 1725 : « L'Angleterre réussit bien en fait de crédit, car, quoique sa dette soit très forte, pourtant le plus mauvais papier de l'État, qui est la compagnie de la mer du Sud, passe le pair aux espèces. »

La quantité des espèces mises en circulation en France semble depuis cent cinquante ans avoir été tout à fait indépendante du progrès des lumières et du travail national, puisqu'elle est restée à peu près proportionnelle uniquement au chiffre de la population.

Sous le ministère de M. de Pontchartrain, en 1700, avec vingt-cinq millions d'âmes, la France possédait en espèces monnayées de seize cent à dix-huit cent millions de nos francs (valeur actuelle) ; on voit donc qu'avec trente-cinq millions d'âmes aujourd'hui, le chiffre de nos espèces n'a augmenté que d'une manière insensible.

2. Quoique ce ne soit pas précisément dans mon sujet, je ne puis m'empêcher de faire remarquer que nous ne sommes guère plus avancés en fait d'agriculture. Ce qui surabonde en France, pays éminemment agricole, c'est la puissance du travail ; quant à son application, elle laisse beaucoup à désirer. Il y a encore plus d'un paysan

peuple français qui, dans le commencement du dix-huitième siècle, se croyait enrichi par l'*élévation* des monnaies, a été longtemps avant de s'apercevoir que la livre qui faisait la vingtième partie d'un louis, ne valait pas tant que la livre quand elle faisait la quatorzième partie de la même pièce d'or du même poids et du même titre. Aujourd'hui combien n'y a-t-il pas d'excellents citoyens qui considèrent les statuts de la Banque de France comme le dernier mot de la science financière, et qui, dans leur respect pour cette institution, et quelques autres encore de la même force, traitent de visionnaire quiconque se permettrait d'accuser notre législation économique d'être celle d'une nation dans l'enfance?

Dussions-nous cependant encourir la désapprobation de ces honnêtes conservateurs, nous n'en déplorerons pas moins amèrement ici que la fortune du pays ait été tenue depuis si longtemps sous le séquestre de la routine et des préjugés. C'est donc son émancipation que nous appelons de tous nos vœux!

Je l'ai déjà dit, le papier-monnaie peut seul tirer notre crédit public de la vieille ornière où il languit; c'est ce signe représentatif de toutes les richesses du pays qui donnera la vie à leurs éléments productifs, qui saura les extraire du sol, les faire fructifier, les mettre en valeur, c'est par lui que la fortune de la France parviendra au plus haut degré de prospérité.

Ce résultat qu'un homme de génie a été au moment de réaliser dans les conditions les plus défavorables où jamais réformateur se soit trouvé placé, il appartient à

dans le cas de ce jeune Limousin dont parle A. Young, qui allait vendre au marché un poulet pour le prix de douze sols, tandis que son travail, pendant la journée qu'il employait ainsi, lui en aurait infailliblement valu vingt-quatre.

notre époque, et surtout à notre gouvernement démocratique de l'accomplir sans peine.

Je sais qu'au nom de Law, qu'au seul mot de papier-monnaie, l'écho en France répond assignats et banqueroute; d'un autre côté, je ne me dissimule pas que s'il est toujours délicat d'essayer de faire entendre à son pays des vérités inconnues, et de lui prêcher des dogmes nouveaux, il peut être plus difficile encore de faire accueillir par les esprits prévenus certaines doctrines financières à l'application desquelles s'attache un souvenir incontestablement désastreux.

Mais cette application, dont on nous oppose le souvenir, de bonne foi, a-t-elle été faite avec la prudente sagesse, avec la sagacité dont l'absence peut dénaturer, annuler même l'effet des institutions les plus salutaires?

N'aurait-t-elle pas été entravée d'ailleurs par des circonstances extraordinaires qui en ont pù paralyser les résultats? L'histoire impartiale est là pour répondre [1].

Quoi qu'il en soit, je ne me considère pas comme réfuté d'avance par l'exemple des échecs de 1720 et de 1795. Je verrai donc, sans me laisser effrayer par l'évocation de ces fantômes menaçants, si je ne pourrais pas alléguer quelques bonnes raisons en faveur du numéraire de circulation que je recommande; si je ne trouverais pas quelques solides réponses aux attaques dont il est l'objet.

Et les critiques, je m'y attends, ne sauraient manquer à un écrivain assez original pour ne pas faire chorus

1. Si on avait laissé faire M. Law en 1720, l'État était sauvé. (M. de Senovert, *OEuvres de Law*, 1790.)

Le crédit en France n'a été outré et forcé que « parce qu'il s'est trouvé des personnes assez malintentionnées pour former le dessein de le détruire. » C'est du moins ce que dit Sa Majesté dans le fameux arrêt du 21 mai 1720. (Dutot, *Réflexions sur le Commerce et les Finances*, 1788.)

avec les détracteurs de Law et de ses doctrines ; à un novateur, assez audacieux pour oser proclamer sans détours et sans restrictions, la supériorité du papier-monnaie sur les espèces monnayées [1].

Dans l'idée de bien des braves gens plus familiarisés avec les usages de la Bourse qu'avec l'étude de l'histoire, Law et Cagliostro ne font qu'un ; il n'est donc pas sans intérêt de faire voir ce qu'écrivaient du célèbre financier ses contemporains, *même après sa chute*, et ce qu'ont dit du *système* des hommes parfaitement compétents pour en juger le mérite.

Jean Law n'était à coup sûr ni un chevalier d'industrie ni un intrigant. Il avait apporté près de trois millions dans sa banque, et il est mort exilé et misérable, après avoir refusé l'argent que le Régent lui avait fait offrir.

Ce grand homme a été le premier à introduire en France les principes du crédit public. Il avait en outre, et tout porte à le croire, la pensée de démonétiser les espèces en les remplaçant par de la monnaie de papier.

---

1. M. Rossi veut bien admettre en théorie la démonétisation de l'argent *comme une chose très concevable*, « mais, dit-il, elle n'est qu'une chimère dans la pratique, parce qu'elle suppose une nation toute composée d'hommes parfaitement honnêtes, avec un gouvernement digne d'elle. »

Dans la combinaison que je propose (voyez plus haut), une commission nommée par l'Assemblée nationale et composée d'hommes intègres, indépendants du gouvernement, et joignant le patriotisme à l'expérience, serait seule arbitre et maîtresse de l'émission du papier-monnaie.

En quoi la fragilité humaine ou la corruption du pouvoir empêcheraient-elles, je le demanderai, cette commission de fonctionner à la satisfaction générale ? Je puis opposer, d'ailleurs, à l'opinion de M. Rossi celle d'un illustre économiste, de David Ricardo, qui admettait le papier-monnaie non seulement en théorie, mais en pratique. Voyez sur cette question ses ouvrages, et entre autres l'*Essai sur le haut prix du lingot*, in-8°. Londres, 1809.

Le succès prodigieux obtenu par ce réformateur hardi, tout aussi bien que la débâcle financière qui y a succédé, ont donné une grande célébrité à la personne de Law et à ses doctrines.

Lorsque l'Assemblée constituante décréta l'émission successive de dix-huit cents millions d'assignats, comme signes représentatifs de la valeur des biens ecclésiastiques qui leur servaient d'hypothèques, le nom de Law et de son système était dans toutes les bouches; il en sera de même chaque fois qu'on viendra à traiter en France la question du papier-monnaie.

On ne s'étonnera donc point s'il se rencontre sans cesse sous ma plume.

Aussi bien j'avouerai que la lecture des économistes du dix-huitième siècle, des fondateurs de la science financière chez nous, m'est plus agréable que celle des ouvrages de leurs successeurs; il me semble qu'à mesure qu'on descend le ruisseau, il se trouble davantage; j'aime mieux boire à la source que plus bas, l'eau y est plus pure.

« Le *système* de M. Law eût continué à nous être avantageux, écrivait Dutot, s'il n'eût pas été surchargé. C'était un très bel édifice fait par un habile architecte, mais dont les fondements n'avaient été faits que pour porter trois étages. En cet état, cet édifice faisait l'admiration de toute la France et l'envie de nos voisins, qui en étaient réellement alarmés; sa beauté surpassa même toutes les espérances que l'on en avait conçu, puisqu'elle fit mépriser et refuser l'or et l'argent: c'est une espèce de miracle que la postérité ne croira point. Cependant il est notoire qu'il a été un temps, de plusieurs mois, que personne n'en voulait. Enfin, sans égard au bien public et aux avantages que l'État pouvait retirer de cet établissement, il se forma une puissante cabale contre l'architecte qui avait élevé cet édifice, et pour le renverser elle eut assez de crédit pour engager le gouvernement à surcharger ou à élever cet édifice jusqu'à sept étages, malgré l'architecte, en sorte que les fondements ne pouvant porter cette surcharge, ils s'écroulèrent, et l'édifice tomba de fond en comble. On s'en prit à l'architecte, et on dit que s'il n'avait pas donné l'idée de cet édifice, et que s'il ne l'eût pas construit, il n'aurait pas écroulé. Cela est exactement vrai, mais il est vrai aussi que si on ne bâtissait pas de maisons il n'en tomberait. point, et qu'il n'y en aurait jamais de brûlées. Si le feu y prend par quelque accident que ce soit, s'avise-t-on d'en rejeter la faute sur l'architecte qui l'a bâtie, et de dire que s'il ne l'avait pas construite elle n'aurait pas été brûlée? Il est pourtant vrai aussi que s'il ne l'avait pas bâtie, le feu ne l'aurait point consumée. Ainsi ce n'est pas au système ni à son auteur que nous devons nous en prendre, c'est à la fureur de ses ennemis, ce sont eux qui ont fait tout le mal et qui ont détruit jusqu'aux moindres vestiges de ce système, non pas parce qu'il ne valait rien, mais parce qu'il venait d'un homme qui voulait simplifier et percevoir les revenus du roi d'une manière moins onéreuse au peuple.»

«......... On ne doit pas présumer, ajoute plus loin l'auteur de cet article, de ce que je dis du système et de son auteur, que j'aie été favorisé de l'un ou de l'autre, et que la reconnaissance m'engage à les justifier; ce n'est en vérité pas mon dessein : j'aime la vérité et je la dis, en rendant justice à qui elle est due. A l'égard de la fortune, il paraît dans mon état et dans ma situation que je ne suis point de ses favoris; et tous ceux de qui j'ai l'honneur d'être connu sont persuadés de la vérité de ce que je dis ici[1]. »

Dans le rapport du comité des finances de l'Assemblée constituante, sur la proposition de Mirabeau tendant à l'émission de 400 millions d'assignats-monnaie qui fut décrété le 17 avril 1790, M. Auson, rapporteur, s'exprimait ainsi en parlant de Law : Cet habile Écossais avait créé, sous la régence, un papier *qui bien ménagé, n'aurait pas eu sans doute les suites funestes qui l'ont décrié* [2].

Melon écrivait en 1734 : « Il n'y a rien de plus utile à un État qu'un crédit libre et modéré. Le dessein de M. Law était d'en établir un en France ; mais ce crédit ayant été outré, précipité et forcé, sa chute suivit de près son établissement[3]. »

Nous lisons dans les Réflexions sur le commerce et les finances par Dutot, qui écrivait en 1738 :

« Le grand dessein de M. Law avait été d'établir un crédit public en France, qui pût y attirer l'abondance ; on a pu juger de ce système par son succès, et on l'a condamné à cause de l'accident imprévu qui l'a dérangé. »

« .... Ceux qui auraient dû travailler à nourrir et à entretenir la confiance, n'étaient au contraire occupés que des moyens de l'affaiblir et de l'étouffer, afin de perdre l'auteur du *système* dont les vues cependant étaient fort

1. *Réflexions politiques sur les Finances et le Commerce*, chap. Ier, article x.

2. M. Thiers est moins favorable à Law dans son article de l'*Encyclopédie progressive*.

3. Law semblait avoir le pressentiment de ce qui devait lui arriver ; il dit, en effet, dans son premier mémoire sur les banques : « Si le roi veut se servir de la caisse, en répandant une trop grande quantité de billets dans le commerce, le projet le mieux concerté serait en danger de manquer. »

bonnes, on ne saurait penser autrement : son projet, qui était de procurer l'abondance en France, était noble et grand. »

Nous trouvons aussi dans un pamphlet curieux de l'époque : *Le secret du système de M. Law dévoilé, en deux lettres écrites par un duc et pair de France à un milord anglais, à La Haye*. In-16, 1721 :

« Les ministres de la quadruple alliance ayant senti que M. Law était ennemi de leur système politique, s'unirent pour ruiner son système de finances. — On dit que c'est eux qui tramèrent ensemble la création des derniers 1,200 millions de billets de banque [1] et les deux bureaux pour acheter et vendre les actions à 1,800 livres [2]. Le sieur Law, qui était un inepte courtisan, donna dans le panneau, d'abord avec résistance, ensuite par faiblesse. »

Tout cela, je le confesse, n'empêche pas que le papier-monnaie, que les assignats ne soient un objet d'épouvante pour beaucoup de gens en France; mais je leur répondrai comme Galilée : *Eppure!...* et je dirai avec un des économistes les plus honnêtes et les plus distingués du dix-huitième siècle qui, lui aussi, soumettait à ses lecteurs des théories nouvelles :

« Que l'on suspende un peu l'idée de ridicule et d'extravagance que peut jeter une pareille proposition dans l'esprit d'une infinité de monde. Que l'on songe que le grand saint Augustin et Lactance, célèbres auteurs, n'ont pas acquis bien de l'honneur à traiter de fou et d'insensé un évêque nommé Virgile, qui, de leur siècle, vint annoncer les antipodes. Christophe Colomb reçut les mêmes traitements en presque toutes les cours de l'Eu-

---

1. Émission imprudente et inopportune qui fut fatale au *système*.
2. Alors qu'elles faisaient 9,000 livres de prime.

rope, avant que d'être écouté et aidé par quelques particuliers en Espagne. Copernic, du dernier siècle, fut menacé du feu par toute la Théologie, sur l'exposition de son système, quoique aujourd'hui le plus universellement reçu[1]. »

L'histoire est pleine des persécutions dirigées contre ceux qui devancent l'opinion de leur temps, en proclamant un peu tôt des vérités utiles.

Aux exemples présentés par le sieur de Boisguillebert et que je viens de citer après lui, on pourrait ajouter le sien propre. *Le Factum de la France*, d'où est tiré cet extrait, fut proscrit par un arrêt du conseil privé du roi du 14 mars 1707; c'était lui rendre le même honneur qu'avait reçu un mois plus tôt la *Dîme royale* de l'illustre Vauban[2].

---

1. *Le Factum de la France*, par le sieur de Boisguillebert, lieutenant général au bailliage de Rouen, 1697.

« C'était un livre, dit Saint-Simon, savant et profond sur la matière, dont le système allait à une répartition exacte, à soulager le peuple de de tous les frais qu'il supportait, et de beaucoup d'impôts, qui faisait entrer les levées directement dans la caisse du roi, et conséquemment ruineux à l'existence des traitants, à la puissance des intendants, au souverain domaine du ministre des finances; aussi déplut-il à tous ceux-là. » Saint-Simon, *Mémoires complets*, tome V, pages 235 et suivantes.

2. En lisant les ouvrages de ces deux économistes, on peut facilement comprendre que leur franchise ait déplu à la cour. Le remarquable écrit du maréchal de Vauban se termine par un chapitre : *Raisons secrètes contre la Dîme royale*, d'où j'extrais ces passages :

« *La troisième raison* sera : Le préjudice que les *puissances* en recevraient dans les revenus de leur terre que la taille ne pourrait plus épargner.

« *La huitième* : Le peu de compassion qu'ils ont pour la misère des peuples, qui ne va pas jusqu'à les obliger à se relâcher de rien en leur faveur au préjudice des vues qui peuvent avoir rapport à leurs intérêts. »

Et dans la table des matières du chapitre V du *Factum de la France* tout le monde peut lire : « L'état social étant le premier besoin de

Grâces à Dieu cependant, et à la douceur des mœurs de notre siècle, je ne m'attends pas à voir mon livre brûlé par les mains du bourreau ; bien que les ministres des finances de la République aient jusqu'à présent, chacun en son particulier, protesté de leur horreur pour les assignats, et cela, comme de raison, aux applaudissements de tous les faiseurs de papier de la place.

Je n'ai donc point d'appréhension pour moi, mais ce donc je suis fort inquiet, c'est de l'apparition d'une foule de sociétés particulières très au courant des phénomènes et des ressources du crédit, et non moins empressées de réclamer le privilége de battre monnaie; tout cela, bien entendu, aux dépens du public.

Que l'on y prenne garde :

Autre chose est de laisser à l'État, c'est-à-dire aux délégués du peuple, le droit d'émettre du numéraire proportionnellement aux besoins de la société ou aux progrès de la consommation, ce qui est la même chose, autre chose est de mettre en pratique fraternellement une théorie bienfaisante dans le seul but d'aider le peuple, de lui être utile, de faire pénétrer dans la chaumière du paysan et dans la mansarde de l'ouvrier le nécessaire, puis l'aisance ; ou de concéder à des banquiers, à des spéculateurs égoïstes, la faculté de faire circuler pour deux ou trois milliards de billets, avec privilége de l'autorité,

l'homme, et le travail la condition nécessaire de l'existence de la société, il en résulte que TOUT TRAVAILLEUR DOIT POUVOIR VIVRE COMMODÉMENT DANS UNE SOCIÉTÉ QUI NE DÉROGE PAS AUX LOIS DE LA NATURE. »

Voilà ce que deux économistes du dix-huitième siècle, le maréchal de Vauban et Boisguillebert, écrivaient sous le règne de Louis XIV, roi absolu, comme chacun sait, et sous le ministère de M. de Chamillart. C'est à peine si on oserait s'exprimer ainsi aujourd'hui sous la République et le ministère du citoyen Goudchaux, pour peu qu'on craignît de passer pour *socialiste!*

quitte à suspendre plus tard leurs payements, après avoir toutefois réalisé d'immenses bénéfices.

Cette fabrication de monnaie de papier qu'il serait si avantageux de voir entreprise par l'État, sous le contrôle sévère d'une commission de représentants du peuple, à titre gratuit, et dans l'intérêt général, ne peut être confiée, sans le plus grand danger, à des *traitants* qui ne sont évidemment dirigés que par le désir du lucre.

Proscrire l'émission des assignats par l'État, et autoriser une compagnie particulière à en émettre, sous le patronage de l'État, serait agir au rebours de la prudence, de la logique et du sens commun ; ce serait vouloir laisser discréditer, par une tentative dont l'issue n'est pas douteuse, un moyen assuré de tirer le pays de sa redoutable crise financière. Substituez aux caprices intéressés du Régent, à l'hostilité des frères Pâris, à l'absolutisme du gouvernement de 1720, à tous les obstacles, en un mot, sous lesquels a succombé le système de Law, la cupidité toujours active des financiers et des agioteurs, cette plaie de notre époque, et je prédis à la *Banque hypothécaire* [1], dont une commission de l'Assemblée nationale examine en ce moment les statuts, le même sort qu'à la Banque royale de 1718 ; et sur ma foi ce ne sera pas la faute du papier-monnaie que cette *Banque hypothécaire* veut émettre, mais celle des spéculateurs qui ne manqueront pas d'en abuser. Ce ne sera pas au système en lui-même, mais bien à l'imprudence du gouvernement de la République qu'il faudra s'en prendre.

---

1. Il est bon de faire remarquer que ce projet de banque hypothécaire m'est inspiré par celui de la *caisse hypothécaire* que Law propose dans le chap. VII de ses *Considérations sur le numéraire.* (Voyez au *Eclaircissements*, à la fin de cette brochure).

En résumé, c'est à l'État, et à l'État seul, si l'on ne veut pas achever la ruine du pays, qu'il faut confier l'opération délicate, mais féconde, d'émettre du papier-monnaie.

Malheureusement notre gouvernement n'a pas eu le courage de s'affranchir du joug de la haute finance, et a pris un peu trop l'habitude de compter avec elle. N'est-ce pas le cours de la Bourse, hélas! qui sert de guide à notre politique étrangère?

« Les traitants, disait-on dans le siècle dernier, sont les colonnes de l'État. Ce sont eux qui le soutiennent. Oui, répondit plaisamment Voltaire, comme la corde soutient le pendu! »

Je ne sais pas jusqu'à quel point Voltaire ne s'exprimerait pas encore ainsi aujourd'hui.

IV

Nous l'avons dit : la richesse des nations est dans l'abondance du numéraire.

Mais le rapport du numéraire avec la production, c'est-à-dire la proportion entre l'offre et la demande du numéraire doivent être réglés avec circonspection et intelligence.

La monnaie et le commerce sont dans une dépendance réciproque l'une de l'autre : quand le commerce tombe, la monnaie diminue, et réciproquement; j'ai fait voir comment.

Si le commerce languit, faute d'acheteurs, alors celui qui vend perd, car il est obligé de vendre moins cher ; c'est qu'alors la demande est inférieure à l'offre. Le numéraire est *à la hausse*.

Mais, si par une raison quelconque, la quantité de monnaie en circulation pouvait être augmentée tout à coup, les achats seraient plus multipliés, les négociants débiteraient sans peine leurs marchandises, il y aurait équilibre entre l'offre et la demande.

Supposons cependant que le numéraire vînt à abonder dans une proportion plus rapide que les marchandises ne seraient préparées à s'offrir, que la production ne suivît pas la consommation dans ses progrès, que l'offre en un mot, devînt moins fréquente que la demande : le numéraire serait alors *à la baisse*.

L'acheteur se trouverait dans l'obligation de payer plus cher le même objet, ce qui annulerait donc, dans une certaine mesure, le bienfait de la plus grande circulation du numéraire qui, ainsi que nous l'avons supposé, était venu ranimer les affaires du marché.

Nécessité alors d'y mettre un terme, sous peine d'avilir le numéraire [1].

Cependant, remarquons que la production est illimitée de sa nature et qu'elle n'a d'autres bornes que la demande ; que l'on peut donc produire, avec assurance de placement, tant que les besoins des hommes ne seront pas complétement satisfaits.

D'un autre côté, le seul obstacle qui empêche les hommes de se procurer de quoi satisfaire leurs besoins et leurs désirs est l'absence de moyens pécuniaires suffisants.

Il en résulte que si ces moyens devenaient suffisants, les hommes chercheraient à satisfaire leurs besoins et leurs désirs, et que cette recherche de leur part imprimerait certainement à la production l'impulsion qui lui manque aujourd'hui, pour s'étendre au delà de certaines limites.

---

1. La crise actuelle nous offre l'exemple de la première hypothèse : l'argent se resserre, se cache et diminue ; on ne vend pas, le numéraire est à la hausse.

Il faudrait donc en augmenter la quantité, car les bras ne manquent pas au travail, les magasins sont remplis de marchandises, les boutiques sont mieux pourvues que jamais.

Lors de l'avilissement des assignats, alors qu'on payait une paire de bottes dix mille francs, la quantité de numéraire mise en circulation dans l'espace de cinq ans était énorme ; mais les levées en masse avaient appelé tous les citoyens en état de porter les armes à la frontière, on ne cultivait plus les terres, l'industrie était dans la stagnation, tous les éléments du commerce étaient anéantis.

L'équilibre entre la production et la consommation n'avait point été observé. Le numéraire était à la baisse.

Supposons, pour un instant, le problème résolu, c'est-à-dire qu'il fût possible de pourvoir les consommateurs du numéraire qui leur manque :

Il y aurait d'abord, comme nous venons de l'indiquer, affluence de demandes sur le marché, et conséquemment renchérissement des denrées ; mais si l'on pouvait graduer l'abondance du numéraire, de manière à laisser à la production le temps *de se reconnaître*, et à donner à la concurrence celui de s'établir, peu à peu, production et consommation se mettraient en équilibre ; c'est ainsi que le ruisseau, quand les vannes sont abaissées, s'étend sur la prairie qu'il arrose lentement, et va bien loin réveiller et féconder au sein de la terre qu'il pénètre, les germes innombrables de la végétation.

Ces réflexions nous amènent donc à reconnaître la double nécessité de pourvoir les membres d'une société bien organisée des moyens d'acquérir ce qu'ils désirent, tout en réglant, au prorata de la production dont il ne faut jamais perdre de vue le développement, la somme de numéraire qu'il est convenable de mettre à la disposition du capital de consommation.

Cette double nécessité nous amène à une double conséquence : la première que la monnaie dont il y aura lieu, dans ce système, de se procurer d'immenses quantités, ne saurait être, par cela même, fabriquée avec des métaux précieux.

La seconde, c'est que la *mercuriale* importante dont je viens d'indiquer les éléments doit être réglée avec une équité pleine de sollicitude pour le bien public.

Donc, le soin de déterminer cette balance ne saurait être confiée à des banquiers ou à une compagnie de spéculateurs.

J'ai déjà dit que la mission d'y veiller et de prononcer

sur l'opportunité et la quotité des émissions de papier-monnaie, devrait être dévolue à une commission nommée par l'Assemblée nationale.

La monnaie est, comme chacun sait, un instrument d'échange. Les hommes sont convenus d'attacher à ce signe représentatif l'idée d'une valeur équivalente, dans nos habitudes, à celle de certains objets, et cela uniquement pour faciliter les échanges [1].

Les espèces font sur les lieux, entre le vendeur et l'acheteur, l'office que remplissent aujourd'hui les lettres de change ou de crédit d'une ville à l'autre. L'usage des premières dispense de la nécessité d'échanger en nature les objets de valeurs équivalentes, et laisse à tout possesseur de ce signe représentatif le temps d'attendre, sans embarras, l'occasion d'employer le prix de ce qu'il a vendu. L'emploi de papier de crédit dispense de voiturer le numéraire à de grandes distances.

On comprend, pour emprunter un exemple aux temps primitifs, comment un homme qui aurait voulu se défaire d'un troupeau de moutons pour s'en aller dans une tribu éloignée eût été embarrassé, s'il n'avait trouvé à le troquer que contre des chameaux ou des dattes, et combien il serait difficile, quand on voyage, d'emporter avec soi en argent les sommes nécessaires à une absence prolongée.

C'est du premier de ces deux embarras qu'est né l'usage des monnaies; or, leur mission étant, ainsi que

---

1. Je regarde un écu même comme un billet qui serait conçu en ces termes : « Un vendeur quelconque donnera au porteur la denrée ou la marchandise dont il aura besoin, jusqu'à la concurrence de trois livres, pour autant d'une autre denrée ou marchandise qui m'a été livrée, » et pour signature l'effigie du prince ou une autre marque publique. Law, *Troisième Lettre sur le nouveau système de finances*, MERCURE DE FRANCE, mai 1720.

3.

je viens de le dire, toute conventionnelle, toute représentative, il s'en suit qu'elle a dû toujours être indépendante de leur valeur intrinsèque; la monnaie, en effet, n'est bonne à rien par elle-même qu'à être échangée, celui qui la reçoit n'a qu'un but, c'est de *la réaliser* ; un avare meurt de faim sur ses sacs d'or; s'il les avait troqués contre des champs, des vignes et des bestiaux, il aurait vécu dans l'abondance ; donc, encore une fois, l'idée de monnaie ne comporte pas du tout celle d'une valeur, mais celle d'une tradition de valeur; que les espèces monnayées en aient, ou n'en aient pas, cela importe peu au commerce.

Et cette idée est si juste, que l'usage des métaux précieux, dans les transactions commerciales, est récente, comparativement à l'époque où les hommes ont cessé de procéder par échanges directs en nature.

Les exemples ne me manqueront pas :

Les Lacédémoniens ont eu des monnaies de fer. Les premiers Romains se servaient de barres de cuivre. Le sel a été employé comme monnaie en Abyssinie, la morue à Terre-Neuve, les clous dans un village d'Ecosse, les coquillages aux îles Maldives [1] et dans quelques parties de l'Inde et de l'Afrique, les grains de cacao au Mexique, le cuir en Russie jusqu'à Pierre le Grand.

Sous Charles XII, en Suède, il fallait une charrette at-

---

1. Aux îles Maldives, où les peuples ne sont pas du tout barbares, étant même polis et magnifiques, comme on peut voir par les relations, certaines coquilles qui se donnent par petits sacs, ont le même pouvoir et procurent la même certitude de livraison future de ce qu'on veut ou voudra avoir, que font l'or et l'argent partout ailleurs où ils sont en vogue, bien que ces îles n'en soient pas elles-mêmes destituées, et qu'elles ne laissent pas d'en souffrir tranquillement la concurrence avec des matières aussi abjectes que des coquilles. Boisguillebert, *Dissertation sur la nature des richesses*, chapitre ii.

telée de deux bœufs pour transporter une somme de 100 fr. en monnaie de cuivre.

« Les colons de l'Amérique qui habitaient les îles ne manquaient d'aucune chose nécessaire à leurs besoins sans presque jamais voir un denier d'argent, parce que le tabac seul, tant en gros qu'en détail, en remplaçait toutes les fonctions, et que si on voulait avoir pour un sou de pain, et même moins, on donnait pour un sou de tabac, et ainsi du reste. Ceux qui le recevaient étant forcés d'en tirer le même avantage....... Les foires de Lyon en France, qui forment un commerce de près de 80 millions, n'ont jamais connu ni vu un sou d'argent dans ce trafic : tout se fait par échange immédiat de denrées à denrées, ou par billets [1]. »

C'est une erreur de croire que les pays les plus riches sont ceux qui produisent les métaux précieux ; le possesseur des mines ne pourra les exploiter qu'autant que le possesseur du blé lui fournira de quoi nourrir ses ouvriers.

« La force d'un pays, on le sait, vient de sa plus grande quantité de denrées de première nécessité. L'or et l'argent, qui n'en sont que le gage, n'y suppléent qu'autant que ces denrées abondent dans les îles de leur production ; au lieu que ces métaux peuvent être suppléés et le sont effectivement par des représentations arbitraires [2]. » « Il y a de grands pays dans le monde qui abondent en or et en pierreries, et qui manquent de pain. La vraie richesse d'un royaume consiste dans l'abondance des denrées, dont l'usage est si nécessaire au soutien de la vie des hommes, qu'ils ne sauraient s'en passer [3]. »

1. Boisguillebert, *Factum de la France*, chapitre IV.
2. Melon, *Essai politique sur le commerce.*
3. Vauban, *Dîme royale*, Projet.

On comprend cependant les considérations qui ont pu accréditer l'usage des métaux précieux comme moyen d'échange ; l'identité de leur valeur en tous pays, leur dureté, la facilité de leur faire porter une empreinte, tout cela a dû être pris en considération ; peut-être la faculté de les enfouir dans un moment de danger, sans crainte qu'ils se détériorent, a-t-elle été aussi pour les gens prudents ou timides une raison de préférence.

Tels sont les motifs pour lesquels les nations ont eu recours sans doute à l'argent-monnaie. Maintenant, avant de dire comment, pour les mêmes raisons, le papier-monnaie doit lui être préféré, il n'est pas hors de propos de faire remarquer que ce recours à la monnaie de papier que je propose, et qui excite de la part de certaines gens une opposition si vive, se pratique paisiblement auprès de nous depuis bien des années, sans que nous ayions l'air de le savoir.

Dans les États britanniques l'usage presqu'exclusif des billets a pris une extension des plus grandes. L'or n'y sert en général que comme appoint pour l'échange des *bank-notes* ; on n'y voit jamais circuler de gros sacs d'argent, on y rirait d'un homme qui aurait l'idée de se faire compter cinq cents livres en espèces ; en Angleterre, on ne porte pas de bourse, mais un portefeuille. Je ne cherche pas ici de quelle nature sont les billets de la banque anglaise, mais je me borne à remarquer qu'ils y servent de monnaie usuelle.

En Danemark, et surtout en Suède, c'est encore mieux. Dans ce dernier pays on n'aperçoit *jamais* une pièce d'or ou d'argent. Je puis citer encore l'Autriche.

J'ignore si la Banque nationale de Suède a des lingots en réserve dans ses caves, mais ce que je sais bien, c'est que pendant quatre ans que j'ai habité ce pays, je n'y ai *jamais* vu faire usage d'autre numéraire pour le commerce que de papier-monnaie. Les billets de banque suédois représentent la valeur d'une certaine quantité de rixdalers *species* et de rixdalers *banco*, ou des fractions de ces écus jusqu'aux sommes les plus minimes, huit skillings de banque par exemple, qui valent, je crois, cinquante centimes de notre monnaie. La petite monnaie fabriquée en cuivre, métal qui abonde en Suède, a une valeur extrêmement minime et ne sert qu'aux pauvres gens.

La nation suédoise n'en est pas moins une nation industrieuse et vaillante, sachant faire la guerre quand il faut, et défendre ses alliés dans l'occasion, témoin l'affaire du Schleswig; qui entretient des relations de commerce avec le monde entier; eh bien! a-t-on jamais songé à s'informer si elle se servait chez elle de papier-monnaie ou d'argent-monnaie? en aucune façon; et notre ignorance à cet égard ne nous a pas empêché jusqu'à présent et ne nous empêchera pas à l'avenir d'échanger en pleine sécurité nos vins, nos draps, nos étoffes contre les bois et les métaux de la Suède.

Encore une fois, je n'examine pas de quelle façon est réglée l'émission des billets de la banque suédoise; en invoquant cet exemple, je me borne à citer un peuple qui, mal partagé en ce qui touche les ressources et la fécondité de son sol, a su cependant suppléer par son industrie aux dons de la nature; un peuple enfin qui chez lui comme à l'extérieur fait parfaitement ses affaires avec du papier-monnaie.

Il paraît donc que c'est chose faisable !

De toutes les valeurs qui peuvent composer les richesses d'un homme, l'or et l'argent sont les moins utiles. Quel est celui d'entre nous qui se trouvant par hasard entrer en possession, non pas d'un héritage comme il écheoit tous les jours, mais d'une somme de plusieurs centaines de mille francs en or ou en argent, n'en serait pas fort embarrassé?

Vous souriez peut-être? mais attendez :

Ce n'est pas chose sans inconvénients que de devenir tout d'un coup dépositaire de cet amas de pièces monnayées. Comment les transporter chez soi? où les garder à l'abri des voleurs? C'était bon pour le thésauriseur défunt qui s'y était pris long temps d'avance, et s'était entouré des précautions nécessaires pour mettre son or en sûreté; mais vous, jeune homme, qui n'avez peut-être pas même un secrétaire qui ferme bien, qu'allez-vous faire?

« Encore passe, si c'étaient des billets de banque, diriez-vous, mais de lourdes caisses de pièces de cinq francs où les loger, où les mettre à l'abri de l'effraction? » Vous n'auriez, croyez-moi, qu'un besoin, qu'un désir, celui de faire transporter immédiatement vos coffres ou vos sacs chez un hommes d'affaires, notaire ou autre. Je sais qu'en général les notaires sont des honnêtes gens, mais enfin vous pouvez tomber mal.

Autre chose, du moment où vous voilà riche, vous devenez calculateur, et vous apprenez que déposer n'est pas placer; que non seulement le numéraire ainsi confié à la caisse d'autrui ne rapporte rien, mais qu'il coûte. La Banque de France elle-même n'accepte pas gratuitement les dépôts qu'on lui fait. Vous vous dites tous les jours que vos écus dorment, qu'ils s'épuisent en dormant, que si vous achetiez des fermes, des actions industrielles, qui sait même? de l'emprunt Goudchaux, vous feriez très bien.

Vous calculez que deux millions (souffrez, ami lecteur, que je vous enrichisse pour un instant de cet héritage), au denier huit par exemple, qui est le taux actuel du 5 pour cent, doivent rapporter 160,000 fr. par an, par mois 13,333 fr. 33 cent., et par jour 444 fr. 44 cent., et que c'est bien dur de ne pas gagner près de 500 fr. par jour ; que ne pas les gagner c'est les perdre. Votre tête se monte, et vous n'avez de repos que lorsque vous aurez réparti votre héritage en rentes, en terres, et en placements industriels, suivant les règles de la prudence, afin d'en tirer le meilleur parti possible. Vous garderez seulement chez vous quelques milliers de francs, si vous êtes joueur, et quelques centaines d'écus si vous ne l'êtes pas. Voilà où vous arriverez infaillible-ment dans un très court espace de temps, c'est-à-dire *à échanger toutes vos espèces monnayées contre des valeurs dites de portefeuille.*

Mais, pour cela, que de soucis ! que de tracas ! Nous ne serons pas toujours à une époque où les plus belles maisons et les plus beaux domaines se vendent pour rien ; nous ne verrons pas toujours les hôtels des mon-naies encombrés par l'argenterie qu'on vient y porter pour la fondre, sans compter les chevaux lâchés par leurs maîtres dans les Champs-Élysées faute de moyens de les nourrir ; le 5 pour cent ne sera pas toujours à 69, et le 4 à 40, et les actions de chemins de fer repren-dront faveur. Alors il faut bien vous prédire que vous y regarderez à deux fois avant de vous décider à l'emploi de vos sacs d'écus, pour ne pas en tirer un mauvais parti. Vous serez au supplice, et vous maudirez presque ce pauvre testateur qui, au lieu de vous léguer de bons certificats de rentes, une belle ferme en Brie, et des ac-tions du chemin de fer d'Orléans par exemple, vous laisse l'embarras de traduire vos écus en une valeur réelle.

Vous connaissez l'anecdote de ce riche à qui un pauvre demandait l'aumône : « Tu te plains, lui dit le riche, tu te crois malheureux? ah! tu n'as pourtant pas comme moi l'embarras de placer tes capitaux! » Il y a dans cette plaisanterie plus de vrai qu'on ne pense.

Mais, tout en plaisantant, je suis arrivé, si je ne me trompe, à vous faire convenir avec moi qu'à moins d'y être obligé, il est beaucoup plus embarrassant qu'utile de conserver chez soi de grandes quantités d'espèces monnayées ; si quelques *excentrics* ont la bizarrerie d'aimer à compter leur or, soyez sûrs qu'ils font exception à la règle commune.

La monnaie dont la valeur est la plus assurée, soit pour contracter, soit pour recevoir, soit pour évaluer des marchandises, n'est-elle pas celle dont la valeur est la moins sujette à varier?

Eh bien! l'argent monnayé est d'une valeur plus incertaine que d'autres marchandises, et par conséquent moins propre à faire la fonction de monnaie.

Il est vrai que les monnaies ne subissent plus en France les altérations funestes qui, depuis Philippe le Bel jusqu'à nos jours, ont si fréquemment bouleversé nos finances[1].

---

1. Quelques-uns de nos rois qui, dans des nécessités pressantes, avaient eu recours à cet artifice, Philippe de Valois, et Jean notamment, recommandaient aux maîtres de monnaies « de tenir le cas secret sur leur honneur. »

Philippe, dans une ordonnance de 1350 sur les doubles tournois : « ... fait défense aux tailleurs et aux autres officiers de révéler ce fait, mais le tenir secret, et jurer sur les saints Évangiles. » Le roi Jean ajoute à ce mandement sur le même sujet : « Sur le serment que vous avez au roi, tenez cette chose secrète le mieux que vous pourrez.... car si par vous est su, vous en serez punis par telle manière, que tous autres y auront exemple. » Et ailleurs : « Tenez la chose secrète, et si aucun demande à combien les blancs sont de loi, feignez qu'ils sont à six deniers. »

Aujourd'hui nous professons un dédain superbe pour de pareils moyens, nous nous effarouchons d'ailleurs au seul mot de papier-monnaie ; mais où en arriverons-nous avec tous ces scrupules ? à des emprunts onéreux, puis à une banqueroute pleine de dignité.

Il est incontestable que la valeur intrinsèque de l'argent, comme monnaie, a baissé considérablement depuis la découverte de l'Amérique ; selon Hume, en 1750 on achetait déjà trois ou quatre fois plus cher. J.-B. Say a dit que l'on payait six fois plus cher dans le commencement de ce siècle. On aurait tort de croire que ce sont les marchandises qui ont augmenté. Il n'y a pas plus de substance alimentaire aujourd'hui dans un kilo de viande qu'au quinzième siècle, et pourtant, à cette époque, on payait un mouton, avec sa laine, sept sous de notre monnaie ; c'est donc l'argent qui a baissé. Indépendamment de ces motifs d'altérations, croit-on que le titre véritable des pièces de monnaie soit égal à leur valeur nominale ? D'un autre côté, cette valeur est elle-même sujette à varier par un changement quelconque ou dans sa quantité ou dans sa demande ? De considérables envois d'argent ont été faits en Russie, lors de la crise des subsistances ; les Arabes et les Kabyles ont enfoui, depuis dix-huit ans, une énorme quantité de nos pièces de 5 francs dans leurs gourbis. — Ces circonstances ont dû nécessaire-

« ...Gardez si cher comme vous avez vos honneurs qu'ils ne sachent la loi par vous. » Il est évident que les rois de France se croyaient le droit de faire de la fausse monnaie. — Philippe de Valois, ordonnance de 1346, dit : « Nous ne pouvons croire ni présumer qu'aucun puisse ni doive faire doute qu'à nous et à notre majesté royale ne appartienne seulement, et pour le tout en notre royaume, le métier, le fait, l'état, la provision et toute l'ordonnance de monnaie, de donner tel cours, et pour tel prix comme il nous plaît et bon nous semble, pour le bien et profit de nous, de notre dit royaume et de nos sujets. »

ment influer sur le prix de nos espèces monnayées[1]. Veut-on encore une preuve que la valeur intrinsèque de l'or ou de l'argent n'est pas invariable? c'est que si ces métaux précieux cessaient d'être employés comme monnaie, ils baisseraient considérablement. Donc, en résumé, celui qui reçoit de l'argent n'a guère d'espoir que sa valeur augmentera, je ne dis pas d'une année à l'autre, mais d'une génération à l'autre.

« Je suppose que la France n'eût d'autre monnaie que le cuivre, et que tous les payements fussent faits en espèces de cuivre, il faudrait un chariot pour porter 500 livres de notre monnaie; les trois quarts du temps les négociants seraient employés à faire leurs recettes et payements, et une partie du peuple, chariots et chevaux, etc., seraient employés à porter d'une maison à l'autre des voitures de cette monnaie.

« Je suppose en même temps que l'Angleterre et la Hollande eussent leur monnaie en or et en argent, et qu'elles ne se servissent du billon que pour les petits payements, les négociants anglais et hollandais emploieraient une heure ou deux à faire les mêmes payements et recettes, qui occuperaient toute la journée du Français qui se servirait de le monnaie de cuivre. C'est pourtant la situation de la France comparée avec les autres nations commerçantes.

« Il est vrai que la France se sert de monnaies d'or et d'argent, mais les autres États ont institué une monnaie,

---

1. Il y a quelques mois, on a payé à Paris 1 fr. 50 c. pour une pièce d'or de 20 fr., c'est un peu plus de 13 pour cent; peut-on dire, après de pareils exemples, que les métaux sont préférables comme monnaie *en raison de la fixité de leur valeur?* Quand les espèces sont rares, quand l'or est cher dans un pays, il se trouve des gens qui l'achètent et qui spéculent sur son prix élevé, absolument comme les accapareurs de grains, dans les temps de disette publique.

d'autant préférable à ces métaux pour la commodité du commerce, que ces métaux sont préférables au cuivre.

« Un négociant français est obligé de se tenir à son comptoir la moitié de la journée pour faire ses recettes et payements, pour visiter ses sacs et tenir son livre de caisse; l'Anglais, en se servant des billets de la Banque, ne donne pas une demi-heure de son temps à dépêcher bien plus d'une affaire; il épargne la dépense et le danger de tenir un caissier, la dépense des sacs, des porteurs d'argent; il ne reçoit pas des espèces fausses ou légères, et cette manière de recevoir et payer par billets est si commode, qu'ils ne veulent point que leurs correspondants dans les pays étrangers leur envoient des lettres de change, à moins qu'il ne soit stipulé dans les lettres que le payement se fera en billets de banque[1]. »

Je demande si ces réflexions très sensées, que j'extrais d'un journal du siècle dernier, ne trouvent pas encore leur application dans une certaine mesure aujourd'hui.

« Les espèces sont d'un débit bien lent dans certains cas pressés, et se prêtent mal aux nécessités des recettes et des payements. Exemples : A doit 20,000 écus à B; B doit la même somme à C, et C doit à D; ils ont tous à payer le 10 du mois. Je suppose que A paye à trois heures après midi; à peine B pourra-t-il se servir de la somme qu'il aura reçue pour payer C, et à moins que ceux qui ont à recevoir n'aient d'autres sommes en caisse, ils ne pourraient pas satisfaire à leurs engagements; s'ils avaient fait usage de billets il en eût été tout autrement à coup sûr[2]. »

L'emploi des métaux précieux dans le commerce,

1. *Mercure de France,* mars 1720.
2. Ibid.

comme signes représentatifs d'échange, a tant d'inconvénients par lui-même, qu'on s'étonne qu'on ait différé jusqu'à présent de recourir à un autre moyen. — Continuer à faire des payements par espèces, pendant que les autres nations se servent de crédits, est un si grand désavantage pour le commerce que l'on sera surpris un jour qu'un État aussi policé que le nôtre soit resté aussi longtemps dans cette erreur.

On est presque tenté de se demander comment les hommes s'en sont tenus à l'or et à l'argent pour la fabrication de leurs monnaies, et comment, dans leurs aberrations, ils n'ont pas encore recherché les pierres précieuses comme signes représentatifs d'échange dans certaines circonstances. Il est indubitable que la doctrine qui veut attribuer à la monnaie une valeur intrinsèque conduisait là.

Quoi qu'il en soit des motifs qui ont pu engager les hommes à choisir pour instrument obligé de leur commerce des matières rares que leur pays ne produisait pas, il est bon de se dire que chez les nations même les plus intelligentes, le hasard, l'habitude et l'imitation sont pour beaucoup dans l'adoption et la perpétuité de certaines pratiques; le raisonnement vient ensuite qui triomphe des préjugés et corrige les erreurs; examinons donc à quelles conditions doit satisfaire le numéraire en général, et, après avoir reconnu que l'argent monnayé doit être exclu, voyons si la monnaie de papier ne répond pas, au contraire, à toutes les données du problème.

V

Les qualités nécessaires à la monnaie sont d'être facile à délivrer, d'avoir la même valeur dans un lieu que dans un autre, d'être gardée sans perte ni dépense ; de pouvoir se diviser sans déchet; d'être enfin susceptible d'une empreinte. Il est facile de reconnaître que le papier a toutes ces qualités à un degré plus éminent que l'argent : Il est plus aisé à compter et à distribuer, il faut moins de temps pour payer cinq cents francs en papier que cent francs en argent. Comme il est moins embarrassant à transporter, sa valeur dans un lieu approchera toujours plus de sa valeur dans un autre; il est susceptible d'une empreinte, il est moins sujet que l'argent à la contrefaçon ; on n'a pas besoin de le faire venir des pays étrangers, enfin il est moins cher à fabriquer que l'argent-monnaie.

La pratique ancienne de toutes les nations célèbres par leur commerce prouve que le papier est plus propre que l'argent à l'usage de la monnaie. En Hollande on a longtemps donné l'argent pour gage, et le papier était employé comme monnaie. Et l'on sait comment, grâce à la bonne entente de ses finances et à la force qu'elle puisait dans son crédit, la république hollandaise nous a tenu en échec à Gertrudenberg. En Angleterre avant l'établissement de la Banque[1], et conséquemment des bank-notes, on recevait les billets des orfèvres dans les

---

1. La Banque d'Angleterre a été fondée en 1694.

payements, de préférence à l'or ou à l'argent. Le crédit d'un certain orfèvre qui n'était ordinairement qu'un billet souscrit de la main d'un de ses commis, s'éleva au-dessus de onze cent mille livres sterlings en une seule fois[1].

Le papier n'a aucune valeur intrinsèque, c'est-à-dire qu'elle ne sera pas telle qu'il y ait intérêt à l'exporter. Donc, si nous en faisons usage, nous ne serons jamais exposés à voir tout à coup le numéraire descendre au-dessous du besoin du pays, ce qui est inévitable tant que des spéculateurs pourront accaparer de grandes quantités d'argent, et lui faire passer la frontière, dans le seul but de réaliser des bénéfices sur le change.

Le numéraire restant en France, il faudra bien l'employer; les ouvriers ne manqueront pas de travail, les manufactures seront perfectionnées, et l'agriculture florissante.

Notez bien encore une fois, que les accapareurs ou les mauvais citoyens n'auront aucun profit à l'exporter ou à l'enfouir[2]. Dès lors il se trouvera en proportion avec la demande, point impossible à garantir avec l'argent-monnaie; le numéraire serait semblable à un héritage substitué, nous ne pourrions devenir plus pauvres, quand même nous le voudrions; le grand avantage, en un mot de ces signes de transmission, est qu'on ne serait

---

1. Locke, *Traité de l'intérêt de l'argent.*

2. « Les voisins amateurs de l'or et de l'argent ont une infinité d'adresses pour l'attirer chez eux; on corrompt quelques-uns des sujets, même par des gains illicites et criminels; ou bien les sujets, sans tremper dans ces malversations, enferment ces signes de transmission comme un trésor réel, portés à cela par quelque mouvement de crainte ou de défiance, toujours aveugle, parce qu'elle arrête la circulation, qu'elle met l'État en défaut, et qu'elle est plus capable que toute autre chose d'attirer sur les défiants et sur les autres l'indigence qu'ils craignent. » *Mercure de France,* mai 1720.

jamais tenté de les détourner de leur destination propre qui est de circuler.

On objecte qu'un papier - monnaie, quoiqu'ayant cours dans le pays, n'aura jamais au dehors une valeur égale à sa valeur en France.

Lorsqu'une nation établit une monnaie, elle ne doit avoir aucun égard à la valeur qu'elle aura dans les autres pays ; bien plus, comme chaque pays s'efforce de conserver son numéraire, si cet État peut en imaginer un qui n'ait pas de valeur au dehors, il fera ce que les autres pays se sont en vain efforcés de faire par des règlements.

Mais, dit-on : supposez que nous ayions besoin de certaines marchandises, et que le pays qui seul les possède, soit au contraire pourvu de toutes celles que nous avons à lui vendre ; que, d'un autre côté, il ne se souciât point d'accepter notre papier-monnaie. Exemple : la Suède ne veut pas de nos vins, de nos draps, de nos soieries, elle refuse notre numéraire, comment nous procurer son fer et ses planches ?

Comme ces marchandises nous sont nécessaires, il y aura toujours profit à nous les apporter, attendu que, toutes choses égales d'ailleurs, elles seront payées plus cher en France que d'autres denrées d'une nécessité moindre.

C'est ce calcul que feront, je suppose, des négociants hollandais, lesquels, après nous avoir acheté de nos marchandises, en troqueront la valeur, soit en monnaie de Hollande, soit en denrées de nature à se vendre en Suède contre les bois et les métaux de ce pays dont nous avons besoin, et que pour ce motif nous payerons bien aux négociants hollandais, quand, en fin de compte, ils viendront nous les offrir.

L'accroissement du numéraire, qui doit être la conséquence de l'adoption du papier-monnaie, permettra au gouvernement, aux propriétaires, aux fabricants d'employer les individus qui sont actuellement sans travail, et cela au grand bénéfice de la production du pays ; l'exportation alors augmentera, et il nous sera dû une balance.

Or, comme l'échange dépend de la balance du commerce, le papier-monnaie sera égal chez nous à une plus grande quantité d'argent-monnaie au dehors.

Le remboursement des rentes serait une des conséquences les plus salutaires de l'emploi du papier de circulation que je propose et qui viendrait à créer d'immenses ressources à l'État.

« Une des premières lois d'un gouvernement qui roule sur le crédit et sur la circulation, est de ne laisser dans un État que les biens-fonds et le commerce, en regardant même les terres, non pas ainsi que les défiants, comme une retraite ou un port en cas de naufrage, mais comme une des sources du commerce par les fruits qu'elles produisent. Le bien de constitution [1] est directement opposé à ce principe. Celui qui prête, stipule que son argent ne sera employé en aucune sorte de marchandises, mais il veut le voir assis sur un fond marqué et déterminé. Le capital meurt pour le prêteur, et il consent à ne jamais le revoir. Ainsi l'argent constitué demeure immobile entre deux hommes qui se sont enchaînés l'un l'autre. Cette espèce d'emploi rend plus rare et plus cher l'argent du commerce. Comme il y a toujours dans un État un certain nombre d'hommes timides et paresseux qui ne songent qu'à leur intérêt personnel, et

---

1. Constitution de rentes.

pour qui le bien général de leur nation est une chimère,
le repos d'esprit dont ils paraissent jouir, dans leur bien
de constitution, détourne ceux qui mettraient leur argent
dans le commerce, ou qui le prêteraient à des commerçants. Or, il n'est point de marque plus sûre d'un État
peu aisé et penchant vers la misère, que la cherté de
l'argent. Il serait à souhaiter qu'il se prêtât toujours
pour rien ou dans la seule vue de partager avec l'emprunteur le profit qu'il en tirera ; c'est le commerce que
tout le monde peut faire sans être marchand, et c'est
aussi la seule manière de prêter qui ne soit onéreuse ni
au prêteur ni à l'emprunteur..... Être fâché de ne pouvoir plus placer son bien à constitution, c'est être fâché
que l'argent soit devenu commun et qu'il n'y ait plus de
malheureux. Les auteurs de droit nous ont conservé la
mémoire des oppositions qu'essaya la constitution de
rentes, quand elle commença à s'établir en France. L'injustice et la tyrannie des prêteurs, à laquelle on s'est depuis accoutumé, était alors traitée d'usure publique, et
les scrupules ont duré encore longtemps après que les
puissances ecclésiastique et séculière ont permis cet
emploi de l'argent...... Quand ces sortes de rentes seraient utiles aux particuliers, il est certain qu'elles ne
servent de rien à l'État pris en général ; et si bien des
particuliers s'applaudissent en secret de pourvoir à leur
fortune indépendamment du bien général, le roi doit
s'applaudir bien davantage de réduire tous ses sujets à
ne trouver de fortune que dans l'abondance et la liberté
de tout le royaume. [1] »

Toutes ces raisons ne militent-elles pas en faveur du
remboursement de la dette publique, et les considéra-

---

1. Law, *Première lettre sur le nouveau système de finances.*

tions péremptoires sur lesquelles l'économiste, dont nous citons ici l'opinion, en établissait l'utilité, je le demande, ne sont-elles pas applicables à notre époque ?

« Je ne dispute pas, ajoute plus loin le même écrivain, à la plupart de ceux qui se plaignent des remboursements, leur rang et leur dignité ; mais je ne leur apprendrai rien de nouveau, et qu'ils n'aient dit plus d'une fois eux-mêmes, quand j'avancerai qu'en matière de bien public, la partie la plus considérable de l'État est composée des laboureurs et des ouvriers, ou du peuple de la campagne et des villes, auquel il faut joindre les marchands. Voilà la source de toutes les richesses d'un royaume, et ce qui soutient tous les autres ordres d'habitants ou de citoyens. On ne me niera peut-être pas que cette première classe ne soit aussi la plus nombreuse. Or, je demande si son bien consiste en constitution, et si les remboursements lui font tort ? »

On aura beau accuser Law, on ne peut contester qu'il fût animé de sentiments fort au-dessus de son époque, et si, pour réussir dans la société corrompue au milieu de laquelle il était obligé de vivre, il a dû intéresser la cupidité de ceux dont le succès du *système* dépendait, ce fut le cas ou jamais de dire que la fin justifiait les moyens.

L'État a un pouvoir direct sur ceux qui enferment et qui recèlent les espèces [1], parce qu'elles n'appartiennent

---

1. L'argent n'est à vous que par le titre qui vous donne droit de l'appeler et de le faire passer par vos mains, pour satisfaire à vos besoins et à vos désirs ; hors ce cas, l'usage en appartient à vos concitoyens et vous ne pouvez les en frustrer sans commettre une injustice publique et un crime d'État, l'argent porte la marque du prince, et non par la vôtre, pour vous avertir qu'il ne vous appartient que par voie de circulation, et qu'il ne vous est pas permis de vous l'approprier dans un autre sens ; Les monopoles sur les provisions publiques ne sont point d'une conséquence aussi funeste que le monopole sur l'argent, qui les représente toutes. Law, *Deuxième lettre sur le nouveau système de finances.*

aux particuliers que par voie de circulation, et qu'il leur est défendu de se les approprier dans un autre sens. Les monnaies appartiennent à l'État, c'est-à-dire à la communauté, précisément comme les grandes routes que personne n'a le droit d'enfermer dans ses domaines ; or, comme il est permis à l'État de changer les routes, pour la commodité publique, il lui est également permis de changer les espèces d'or et d'argent en d'autres signes de transmission plus avantageux pour le public.

Je n'irai pas jusqu'à conseiller les recherches et les confiscations en matière de monnaie ; une chambre de justice serait aujourd'hui peu en harmonie avec notre sentiment de la liberté, mais il est encore mieux de remonter jusqu'à la source du mal, en ne donnant aux hommes qu'une monnaie dont ils ne soient pas tentés de faire magasin.

Ce serait donc un des usages les plus avantageux de notre papier-monnaie que de l'employer au remboursement de la dette publique, en commençant par en affecter une partie au service de l'arrérage des rentes constituées.

Il n'est pas d'ailleurs de moyen plus simple d'en introduire aussitôt dans le pays des quantités considérables.

Il faudrait, bien entendu, que son cours fût forcé.

Tous les crédits généraux sont fondés sur des statuts et sur une loi, l'argent même en a besoin pour circuler, et l'on a été obligé plus d'une fois de recourir au magistrat pour faire accepter à quelques personnes certaines espèces, ou les espèces sur un certain pied. C'est cette contrainte même qui fait la confiance publique, puisque personne ne voudrait d'une monnaie ou d'un papier que quelqu'un serait en droit de refuser.

Il n'est pas admissible que l'acceptation ou la non acceptation du papier de l'État soit chose facultative ; tant que l'État sera en droit de faire prendre à ses créanciers ou à ses employés, l'argent-monnaie pour les arrérages des rentes ou pour la rémunération de leurs services, son papier aura droit à un cours également obligatoire.

Ordre serait donc donné à tous les comptables du gouvernement de le recevoir ; le Trésor ne payerait plus en une autre monnaie ; par une suite de décrets calculés dans ce but, on annulerait à l'avenir les ventes où la quantité d'espèces employées aurait dépassé une certaine somme. La loi, je suppose, pourrait disposer pour l'or et pour l'argent par rapport au papier-monnaie, d'une manière analogue à celle dont elle stipule pour les payements en monnaie de billon. D'après l'art. 2 du décret du 18 août 1810, la monnaie de cuivre et de billon de fabrication française ne peut être employée dans les payements, que pour l'appoint de la pièce de cinq francs.

Le Trésor échangerait à vue les espèces monnayées contre des billets, en accordant dans le principe une prime au papier ; cette faculté que tous les citoyens auraient de troquer leurs espèces, avec avantage d'ailleurs, rendrait praticable l'obligation de ne contracter qu'en papier.

On comprend comment des modifications dans la loi d'enregistrement pourraient gêner considérablement les actes simulés, et empêcher les particuliers de stipuler en espèces ; les avantages que les billets d'État ne tarderaient pas d'ailleurs à obtenir sur l'argent-monnaie, par suite des faveurs et facilités qu'on accorderait au papier, finiraient peu à peu par faire tomber en désuétude l'usage des espèces.

Nous avons établi que l'émission du papier-monnaie serait soigneusement calculée, de façon à entretenir un équilibre constant entre l'offre et la demande ; que le capital de consommation ne recevrait d'accroissement qu'au fur et à mesure, et en proportion des efforts de la production nationale ; qu'enfin cette balance serait réglée et entretenue avec une prudence extrême.

Comme d'ailleurs le papier-monnaie, et nous l'avons rappelé, n'est, de sa nature, susceptible ni d'être enfoui, ni d'être exporté, dans l'hypothèse où l'on en ferait un usage exclusif, on ne serait pas exposé à voir le chiffre du numéraire brusquement réduit par l'effet d'une panique, ou la spéculation des accapareurs. Mais ces variations, à l'abri desquelles le papier-monnaie semble en général devoir se maintenir, peuvent atteindre tout-à-coup l'activité productive du pays : que des événements politiques inattendus, qu'une longue guerre, que l'action de la concurrence étrangère, ou tout autre motif, vienne à ralentir, ou même à arrêter une somme considérable de travaux, l'offre cesse aussitôt d'être en équilibre avec la demande, le papier de l'Etat est menacé d'avilissement. Ce sont de nombreux canaux d'arrosement qui se trouvent obstrués, il y a alors nécessité de creuser un nouveau lit au numéraire qui circule trop abondant ; sous peine d'inondation, il faut en absorber ou en détourner les flots.

Quand Law, au moment du plus grand succès de sa banque, remit en vigueur la législation somptuaire des dernières années de Louis XIV, et s'efforça, par tous les moyens possibles, en prescrivant l'usage de l'argent, à répandre celui de ses billets, il calcula que, faute de placement, ce papier dont il avait été obligé, malgré lui, de créer une quantité énorme, encombrerait le marché ;

et il avait eu soin, en conséquence, de lui préparer un débouché, au moyen des actions de sa compagnie des Indes. C'était sur ces titres que se jetèrent, en effet, les capitaux hors d'état de trouver ailleurs un placement avantageux, par suite du renchérissement extrême de toutes les valeurs immobilières.

Tel était le moyen ingénieux qu'avait imaginé Law pour maintenir l'équilibre entre l'offre et la demande, la seule difficulté et la pierre d'achoppement du système ; cet expédient était d'autant plus nécessaire alors, que le Régent, à ce qu'on doit supposer (car Law n'a jamais voulu l'écrire), avait hâte de terminer l'opération, et qu'il exigea qu'on mît en deux mois la dernière main à la démonétisation radicale des espèces que, suivant le témoignage des contemporains, on aurait amené à bien, en moins d'un an, sans danger.

Cette nécessité d'attirer les nouvelles valeurs monétaires répandues avec profusion sur la place, au commencement de 1720, justifiait pleinement la destination de la compagnie des Indes, et il n'est pas douteux que si le gouvernement d'alors, étourdi par ses premiers succès, n'avait pas eu le tort d'une imprudente précipitation, l'action mutuelle si habilement combinée de la Banque et de la compagnie n'eût produit le résultat désiré [1].

---

1. La nécessité d'établir l'équilibre entre les billets de la banque et les actions de la compagnie, n'était pas le seul embarras de la situation ; malgré l'excessive rigueur des édits rendus contre ceux qui étaient trouvés détenteurs d'argent monnayé, au delà d'une certaine somme, l'on savait qu'il y en avait de caché, et que notamment la Banque royale n'avait pas converti en lingots celui qu'on lui avait apporté. Il en résultait naturellement un cours entre ces trois différentes valeurs : les actions, les billets et les espèces ; or, aussitôt que la confiance dans les titres de Law commença à être ébranlée, on s'attendit à voir reparaître

Quoi qu'il en soit, les gouvernements qui ont fait usage de papier-monnaie ont toujours senti la nécessité d'un *déversoir* de ce genre. C'est ainsi que l'Assemblée constituante offrit aux porteurs d'assignats les biens nationaux comme emploi avantageux de leurs capitaux et en échange de leur papier.

Nous pourrions créer également, et pour le même objet, une compagnie d'Afrique.

Dans l'intérêt de nos possessions algériennes, ce serait déjà une institution hautement utile, car il ne manque, on le sait bien, à l'Algérie que des capitaux pour devenir la plus riche de nos colonies; les actions de cette compagnie serviraient d'asile, comme nous l'avons expliqué, au papier-monnaie qui ne trouverait pas à s'employer ailleurs avantageusement, quitte à rendre cet accès plus difficile aussitôt que la crise aurait cessé.

Bien entendu que la compagnie d'Afrique serait une institution publique et non particulière.

Si l'émission du papier national était faite avec sagacité et prudence, il n'y aurait pas lieu de craindre qu'il encombrât de prime abord le marché. On doit supposer qu'il trouverait un placement dans l'agriculture, l'industrie et le commerce, pour peu qu'on laissât à ces divers

le numéraire métallique, et cette attente porta un coup fatal aux actions et aux billets.

Puisque, dans le but d'en diminuer la quantité, on brûlait les billets que le public était venu échanger contre les actions de la compagnie, il eût été loyal, par le même motif, de fondre les espèces reçues par la banque en échange de ses billets. Or c'est ce qui n'eut pas lieu, et aussitôt après l'édit du 10 octobre qui décrétait le retour complet à l'argent, l'Etat et le Régent durent bénéficier de tout celui qu'ils avaient encaissé.

Dans notre système, et pour éviter un semblable inconvénient, la conversion par le trésor de la monnaie métallique en lingots devrait être une des premières phases de la démonétisation des espèces.

éléments de la fortune publique le temps de sortir de leur engourdissement, de secouer leurs ailes et de prendre résolument leur essor.

Je me borne à ébaucher ici, comme on le voit, la législation du système que je propose. Si mes idées, que je crois utiles, étaient accueillies avec faveur, il serait temps alors d'en formuler la mise en pratique. Quant à présent, j'ai cru devoir me borner à donner un certain développement aux principes, et à indiquer sommairement l'esprit du décret qui pourrait en être la conséquence.

Je n'ai pas la prétention, et surtout dans la limite de cet écrit, de prévoir toutes les objections qu'on pourrait me faire ; je crois d'ailleurs avoir répondu d'avance aux principales.

Les expédients mis en usage par le gouvernement de la République pour remédier aux périls de notre situation financière, sont, au dire de tous les gens sincères, parfaitement insuffisants ; nous marchons au jour le jour, nous avançons vers la banqueroute, en comptant sans doute sur un miracle.

Et, quand à la veille d'une crise terrible, et en présence des théories effrayantes qui se produisent de toutes parts, je viens à mon tour soumettre au public un système que j'ai, je crois, convenablement motivé, si l'on voulait le repousser sans un examen approfondi, je répondrais, comme Barnave, à mes contradicteurs superficiels : « Eh ! de grâce, dites-nous donc aussi ce qu'il faut faire ; car il ne suffit pas, quand le vaisseau s'enfonce sous nos yeux, de crier à ceux qui veulent tenter d'en sortir : Ne vous fiez pas à cette nacelle ! il faut leur fournir un moyen plus sûr de salut. »

VI

L'histoire nous apprend avec quelle facilité les peuples s'habituent aux institutions conçues dans leurs véritables intérêts, quoiqu'elles aient pu d'abord heurter leurs préjugés : la création de toutes les banques l'a prouvé. Alors même que l'usage des billets de ces banques était facultatif, l'avantage qu'il y avait à les employer dans les transactions de commerce, de préférence à l'argent, ne tardait pas à être senti, et bientôt ils avaient cours comme les espèces. « Les Français sont des hommes et écoutent la raison comme les Anglais et les Hollandais, disait Law, lors de l'institution de sa banque; dans un mois ou deux, après son établissement, il ne sera pas nécessaire de faire deux bureaux particuliers pour convertir les billets en espèces; ils seront tellement accrédités en peu de temps, que si on présentait à donner des espèces ou des billets, ceux qui auront à recevoir demanderont d'être payés en billets préférablement aux espèces; les billets étant plus portatifs et plus commodes pour recevoir et payer. L'expérience a montré cela dans les endroits mêmes où il y a très peu de commerce, comme en Écosse, à Rome, à Naples. Dans les commencements on a de la peine à accoutumer les peuples aux payements par billets, mais voyant qu'il y a une forte caisse pour les convertir en argent à volonté, et remarquant la commodité des billets dans les payements, peu à peu ils s'introduisent dans le commerce, et avec le temps sont préférés aux espèces. »

Et ce pronostic se réalisa avec la rigueur d'un raisonnement logique. « La circulation des billets de la Banque avait rendu l'argent si commode[1], qu'on trouvait à emprunter chez les notaires partout le royaume, au denier quatre-vingts ; c'est sur le pied de un quart pour cent. Les billets de la Banque étaient tellement accrédités que les marchands et négociants refusaient de recevoir les espèces en payement, ou augmentaient le prix de leurs marchandises de cinq pour cent, qui était *l'agio* ou différence de la monnaie de Banque à la monnaie courante[2].

« Les terres et les maisons sont montées au double et au triple de leur prix pour le vendeur, et croîtront considérablement en revenu pour l'acquéreur. L'officier d'épée ou de robe touche ses pensions ou ses gages, auxquels il ne fallait plus penser ; le menu peuple, ceux mêmes qui, par la bassesse de leur fortune, ne sont pour ainsi dire d'aucune classe ; tous enfin trouvent à vivre, à gagner, à s'enrichir[3]. »

« .... C'est assez que le public soit devenu riche, et pour le prouver tel, on n'a qu'à entrer indifféremment dans les maisons particulières, à voir la porte et les avenues des rendez-vous de promenade et de spectacle, à traverser seulement les rues de Paris[4]. »

1. Lettre de Law à M. le duc de Bourbon. *Mémoires justificatifs*, *M. de Senovert*.

2. Le Régent n'espérait pas de la Banque à beaucoup près les grands succès que l'auteur promettait. Cependant, ces grands succès arrivèrent au delà de toutes les espérances ; et dans moins de deux ans, les recouvrements, le commerce, la circulation, tout était animé, tout fleurissait. J.-F. Melon, *Essai politique sur le commerce*, chap. xxiii.

3. Law, *Première lettre sur le nouveau système des Finances*.

4. *Troisième lettre*. ibid.

De pareils résultats, quand ils viennent justifier une théorie basée d'ailleurs sur de solides considérations, sont bien de nature, ce me semble, à fixer l'attention des gens sérieux.

« Mais, à ces résultats satisfaisants, me répondra-t-on, a succédé une terrible catastrophe; personne ne se rappelle la prospérité générale dont le système avait pu être la cause, et l'on est habitué à n'associer au nom de Law qu'un souvenir de malheur public. »

Je voudrais bien savoir quelles sont les améliorations sociales ou politiques importantes qui se soient jamais réalisées de prime abord et sans commotion? La Banque d'Angleterre, si prospère aujourd'hui, n'a-t-elle pas suspendu ses payements?

Tout le bruit de la banqueroute de la banque de Law peut s'expliquer par la célébrité qu'avait valu à cette institution le bien incalculable qu'elle avait fait. Est-ce que la compagnie des Indes, succursale de cette banque, s'est écroulée avec elle ? en aucune façon ; elle s'est soutenue, et n'a succombé que cinquante ans après, sous le ministère déplorable de l'abbé Terray. Il ne faut pas exagérer les proportions du sinistre de 1720, il n'a guère frappé que les spéculateurs retardataires ou les courtisans maladroits qui, au moment où tout le monde voulait réaliser, se sont trouvés les mains pleines d'actions, qu'ils avaient achetées la veille à quarante fois le prix de leur émission. Est-ce que ce résultat, que Law avait prévu, et qu'il avait fait tout au monde pour éviter [1], empêche

---

1. Je fis ce qui dépendait de moi pour empêcher les particuliers de donner de l'argent en primes, dans l'espérance que les actions monteraient ; je leur ai même dit, que j'en arrêterais le prix à 1,800 livres pour cent.

Je voulais par là, désabuser le public de l'opinion où il était que les actions pouvaient monter au delà de ce prix, empêcher les étrangers de

qu'il ait eu raison ? Et cet enthousiasme subit occasionné par sa banque, prouve-t-il autre chose sinon la confiance que ses théories avaient inspirée? Depuis quand l'abus d'une bonne chose doit-il en faire proscrire l'usage [1] ? Et quand la catastrophe de 1720 aurait eu pour le pays, et non pour les gens de cour seulement, une conséquence cent fois plus déplorable, les raisonnements de Law en subsistent-ils moins, et leur application, jusqu'au moment où l'on a voulu en outrer la portée, en a-t-elle été moins heureuse pour le public ?

« On a voulu bâtir deux étages de trop sur une belle et solide maison dont les fondations n'avaient été calculées que pour porter trois étages, et la maison s'est écroulée, » comme le dit si judicieusement Dutot.

Mais laissons parler Law lui-même :

«La fureur d'amasser est venue de la croissance extraordinaire des actions. La plupart des gens, surpris de leur propre gain, ont cru qu'ils en devaient faire des monceaux d'or et d'argent, ce qu'ils appelaient réaliser. Ils n'ont pas pris garde que les actions grossies représentaient moins un argent courant que des capitaux, d'autant plus qu'elles remplaçaient pour plusieurs leurs anciens contrats. Mais cette vérité était devenue palpable par la hauteur étonnante où ces actions étaient montées, car elles passent actuellement en valeur tout l'or et tout

profiter sur les Français, et les Français de profiter les uns sur les autres.....Votre altesse sérénissime peut juger, par ce que je viens de dire, que mon intention n'était pas de porter les actions au delà de leur véritable valeur ; que je n'ai pas eu en vue de faire profiter la compagnie par la perte du public, mais de faire profiter le public par le succès des opérations de la compagnie. J. Law, *Première lettre à M. le duc de Bourbon. Mémoires justificatifs publiés par M. de Senovert*, 1790.

1. C'est ainsi que nous avons rejeté un excellent spécifique, parce qu'il était devenu mortel à ceux qui en avaient pris avec excès. Dutot, *Réflexions sur le commerce et les finances*.

l'argent qui sera jamais dans le royaume. Quelqu'un ne manquera pas de dire ici : C'est en cela que les actions sont un bien faux et chimérique, et que l'on avait raison de vouloir profiter du moment heureux. Je réponds à cela : Les maisons qui sont dans Paris, prises toutes en capital, surpassent peut-être en prix toute l'espèce qui est dans le royaume. Les terres qui sont en France ne seraient pas payées par tout l'or qui est encore enfermé dans les mines du Pérou. Les maisons et les terres n'ont-elles pour cela qu'un prix chimérique, et sur cette réflexion que je ferais faire à la plupart d'entre eux pour la première fois de leur vie, vont-ils tous prendre un jour la résolution de réaliser tous les biens-fonds, et de les convertir en argent? Cette frénésie, si elle avait lieu, réduirait à rien les maisons et les terres les plus considérables, et il ne manquerait à ces vendeurs insensés que des acheteurs. Qu'est-ce donc qui maintient les biens-fonds dans leur valeur légitime, quelque haute qu'elle soit? C'est qu'on ne les vend point pour réaliser; on ne les vend que pour s'arranger; on se contente communément des revenus qu'ils produisent; et par là ils sont assez rarement en vente, pour qu'il se trouve toujours autant d'acheteurs que de vendeurs.

« Il faut donc que les hommes se mettent, à l'égard des actions, dans le même esprit et dans le même arrangement qu'à l'égard de leurs autres biens. Il semble qu'ils aient de la peine à s'y mettre d'eux-mêmes. Et il n'est rien de si difficile que de faire voir à une multitude ses véritables intérêts et de les lui faire suivre.[1] »

Ce n'est point sans motifs que j'ai multiplié dans cet

---

[1]. Law, 11 mars 1712, *Lettre sur le nouveau système de finances.*

écrit les extraits tirés des œuvres de Law, car cet économiste est le seul en France qui ait songé aux avantages de la démonétisation des espèces; or, c'est à ce but que doivent tendre tous ceux qui désirent apporter à la crise actuelle une modification efficace.

Songez que le gouvernement aujourd'hui n'aspire, en quelque sorte, qu'à un résultat, celui de relever le crédit, c'est-à-dire le cours des effets publics à la Bourse. C'est là le *nec plus ultrà* de l'ambition de M. Goudchaux, et personne ne doute que si les rentes venaient tout à coup à atteindre au taux où elles se sont tenues si longtemps sous le règne de l'ex-roi, le citoyen ministre des finances ne s'élançât triomphant à la tribune de l'Assemblée pour proclamer ou faire valoir ce symptôme indubitable d'une bonne politique et d'une grande prospérité nationales; et il ne nous resterait plus qu'à monter au Capitole pour rendre grâces aux dieux!

Eh bien, je le demande en conscience, en remettant les choses financières là où la Révolution de Février les a prises, n'est-ce pas reconstruire, que dis-je? consacrer notre état social dans les conditions iniques où il fonctionne depuis si longtemps? Non! cent fois non! nous ne saurions nous payer de pareils résultats! il faut des remèdes proportionnés à l'étendue de la misère publique, et ces remèdes ce n'est pas de la Bourse et de ses habitués que nous pouvons les attendre!

Sur la proposition de son comité des finances, l'Assemblée constituante décréta, le 17 avril 1790, une émission de 400 millions d'assignats-monnaie. Le 30 du même mois, dans une adresse aux Français, elle exposa les motifs qui avaient déterminé cette grande opération, s'attachant à détruire les préventions qui régnaient dans certains esprits contre le nouveau papier mis en circulation. De l'avis de tous les orateurs qui parlèrent dans la discussion du décret, la première émission d'assignats avait eu un succès complet; ce furent les talents de Mirabeau et de Barnave[1] qui enlevèrent l'Assemblée et firent décider la seconde. Le 29 octobre suivant, un nouveau décret porta à 1,200 millions la somme totale des assignats à émettre.

On ne peut se dissimuler que ces décrets avaient surtout un but politique, celui de compromettre, pour la cause de la Révolution, tous les acquéreurs de biens nationaux mis en vente, et que les assignats seuls étaient admis à payer; or, le remboursement de la totalité de la dette publique ayant lieu en assignats, on comprend comment, par cette combinaison, on offrait aux ci-devant créanciers de l'État un placement avantageux.

Les assignats émis devaient être de la monnaie foncière, c'est-à-dire être hypothéqués sur la totalité des biens du clergé qui étaient rentrés, depuis l'année précédente, dans le domaine de la nation.

Cette hypothèque avait pour but de soutenir le papier contre la concurrence de l'argent, mais la fiction eut d'autant moins de succès qu'on ne tarda point à pousser le chiffre des billets territoriaux au-delà de toute mesure.

Depuis la fin de 1789 jusqu'en 1795 on en fit pour plus de quarante milliards, lesquels étaient garantis soidisant par les biens du clergé auxquels vinrent se joindre plus tard ceux des émigrés; or, comme notre propriété foncière tout entière est évaluée aujourd'hui à environ vingt-cinq milliards, on peut s'imaginer à quel point l'hypothèque était insuffisante; mais, encore une

1. Le décret sur la création des assignats fut combattu par M. de Talleyrand et par l'abbé Maury.

fois, on aurait tort de vouloir considérer l'émission des assignats comme une mesure purement financière, elle était politique, et, à ce point de vue, elle a réussi incontestablement.

Sans doute, tant que l'argent-monnaie subsistera chez nous, un gage sera nécessaire pour accréditer le papier-monnaie, mais, quand, par des mesures successives et habilement calculées, les espèces seront enlevées de la circulation pour rentrer dans les caisses de l'État, et n'en plus sortir que converties en lingot, on comprend que ce n'est plus de garanties ou d'hypothèques qu'il pourra être question.

Le crédit d'ailleurs qui promet un payement en espèces ne peut guère s'étendre au delà d'une certaine proportion qu'il doit observer avec les espèces, et nous en avons une si modique quantité que le crédit auxquelles elles pourraient servir serait très peu considérable. Il y a longtemps que l'Angleterre s'est affranchie de cette entrave, et que l'émission de ses banknotes est tout à fait hors de proportion avec ses espèces métalliques. Nous ne voyons pas qu'elle s'en soit plus mal trouvée pour cela.

En résumé, Law a été au moment de remplacer les espèces en France par le papier; si les imprudences dont j'ai parlé et les obstacles qui lui furent suscités de toutes parts n'avaient pas fait échouer son opération, le problème était définitivement résolu, et une immense prospérité en aurait été la conséquence pour le pays.

Le papier-monnaie, après avoir sauvé la révolution américaine, eut le même mérite en France; ces différents titres font sa gloire.

J'ai cité plusieurs pays qui ont su sagement s'affranchir de l'usage des espèces, et dont nous voyons nonobstant fleurir l'industrie et le commerce.

C'est l'assujettissement de l'hypothèque territoriale que tous les législateurs ont cru jusqu'à présent devoir s'imposer, qui a paralysé les bons effets du papier-monnaie, en en dénaturant le caractère[1].

Il est évident que l'argent-monnaie aura toujours l'avantage sur un papier territorial, quelque bien assis qu'il soit sur des immeubles, attendu qu'il faut que ces immeubles soient vendus, c'est-à-dire troqués contre des espèces, pour que le billet auquel ils servent de nantissement obtienne en définitive la valeur de l'espèce monnayée à laquelle on le compare. Or, la vente ne pourra produire de parité entre les deux monnaies, qu'autant que l'affectation hypothécaire sur laquelle le billet repose sera solide, sérieuse, et offrira une marge très étendue.

La conséquence de ces conditions sera de borner l'émission du papier à une quantité minime, et d'en neutraliser par conséquent les effets généraux et utiles.

Hypothéquer d'abord sur les différentes valeurs productives du pays des papiers de circulation, pour suppléer

---

1. Les hypothèques et les garanties dans les temps ordinaires sont une entrave, dans les temps de crises, une illusion.

Je demanderai par exemple à quoi la garantie en écus des billets émis, soit par les banques particulières, soit par la Banque de France, à jamais servi jusqu'à présent, dans les circonstances critiques du pays, si ce n'est à fournir à ces établissements l'occasion de prouver leur insolvabilité ? Quand les maisons les plus respectables, les plus riches ont été obligées de suspendre leurs payements, faute d'argent-monnaie, pour contenter une foule de porteurs de leur papier, avides de l'échanger contre des espèces; quand la Banque de France elle-même s'est trouvée dans l'impossibilité de satisfaire aux conditions de son contrat, on voit bien que les écus des unes, et que les lingots de l'autre, ne les ont pas empêchées de manquer à leurs engagements.

à l'argent qui se cache, est chose prudente et salutaire;
ce papier, qui serait représenté par des terres, des marchandises, ou de tout autre façon, serait annulé aussitôt
que la réalisation viendrait à faire rentrer dans les caisses du trésor le montant de sa valeur représentative.
Cette circulation donnerait aux transactions et au travail
une activité qui leur manque. Mais, n'en doutons pas,
aussitôt que l'argent verra arriver le papier-monnaie, il
cherchera à faire concurrence à ce rival incommode, et,
malgré tous ses efforts, il l'emportera sur lui.

Donc, encore une fois, une banque hypothécaire,
créée par l'État, peut être une mesure transitoire, mais
ne doit tendre qu'à préparer la démonétisation des espèces, seule combinaison proportionnée aux nécessités
urgentes de notre état social.

Les *warrants* des *docks* de Londres ont donné à plusieurs personnes la pensée de mobiliser, au moyen de
billets créés à cet effet, les capitaux représentés par des
dépôts de marchandises. Les fabricants dépositaires recevraient, en échange de leurs produits, des billets du
trésor qui auraient cours forcé, bien entendu qu'il serait
brûlé au fur et à mesure une quantité de ces billets égale
à la somme provenant des ventes opérées à l'entrepôt
pour le compte du domaine.

En un mot, tout ce qui tendrait, au moyen d'un papier
de crédit, à mobiliser, c'est-à-dire à utiliser les forces
productives inertes du pays militerait dans le sens que
nous nous proposons; il est indispensable en effet de fa-
miliariser d'abord les commerçants avec l'usage de ce
nouveau numéraire, contre lequel la plupart d'entre
eux éprouvent d'inexplicables préventions.

Mais ne nous le dissimulons pas, l'apparition de toute
mesure législative qui aurait pour but d'accréditer et de

répandre en France un papier-monnaie quel qu'il fût, serait le signal de la plus terrible opposition.

Cette opposition, dictée par des intérêts dont il est facile d'indiquer la source, aurait pour interprète cette
même classe de personnes qui combattirent les assignats
en 1790 et dont Mirabeau parlait en ces termes[1] :

« ... Eh ! voulez-vous savoir les motifs de ces répul-
sions qu'il a été si aisé d'exciter contre les assignats?
Sondez les intérêts d'un certain ordre de commerçants,
apprenez quels sont les calculs des fournisseurs d'argent
et de crédit. Les manufactures sont toutes tributaires des
uns ou des autres : ceux-là, soit que voués au commerce
de commission, ils fassent des fonds aux fabricants sur
leurs marchandises ; soit qu'adonnés à la banque ils se
chargent d'acquitter leurs engagements, tous mettent un
prix de six pour cent à leurs avances : ceux riches com-
manditaires, portent jusqu'à dix pour cent et au-delà
l'intérêt de leurs capitaux. Or, créons des capitaux en
concurrence, élargissons, facilitons la voie des emprunts
et des crédits ; abaissons par là même le taux de l'intérêt : n'entendez-vous pas crier aussitôt ces commission-
naires, ces banquiers, ces capitalistes? Mais, messieurs,
vous ne vous y tromperez pas ; ce cri est un suffrage des
manufactures : c'est le signal de leur prochaine restau-
ration ; c'est un préjugé favorable pour les assignats !

1. Dans tous ses discours, sur les assignats, et cela est à remarquer,
Mirabeau semblait faire assez bon marché de l'argument tiré de l'hypothèque, sur laquelle ces nouvelles valeurs représentatives étaient soidisant appuyées ; on peut dire qu'il traita plutôt la question du point de
vue de l'utilité, non pas d'un papier à remboursement fixe, mais du papier-monnaie en général, et surtout du point de vue révolutionnaire.

Mirabeau possédait des connaissances économiques fort étendues, il
était à la tête de l'école des économistes fondée par les adeptes et les
disciples de F. Quesnay, et l'on ne saurait oublier qu'il avait employé
le célèbre J.-B. Say à la rédaction du *Courrier de Provence*.

« . . . Tout doit fortifier votre courage, Si vous aviez prêté l'oreille jusqu'à ce jour à toutes les instances des préjugés, des vues particulières, et des folles craintes, votre Constitution serait à refaire ... C'est d'une hauteur d'esprit qui embrasse les idées générales, résultat précieux de toutes les observations particulières, que doivent partir les lois des empires. Un administrateur qui viendrait vous vanter l'art de ménager tous les détails, vous donnerait sa mesure; il vous révélerait bien le secret de tous les embarras qui ont fatigué sa marche, mais il ne vous apprendrait pas celui d'assurer la vôtre. Oser être grand, savoir être juste; on n'est législateur qu'à ce prix ! »

Nos législateurs oseront-ils être grands, sauront-ils être justes? toute la question est là. Aussi bien je ne m'adresse pas aux riches capitalistes, aux banquiers, aux hommes de la Bourse, à ceux qui peuvent avoir à perdre en voyant le papier créé par l'État venir faire concurrence au leur : c'est aux citoyens sans fortune que je parle, à ceux qui ne trouvent pas à utiliser leurs forces, leur intelligence, leurs talents, et qui luttent en vain contre la pauvreté; c'est aux travailleurs qui par des efforts journaliers, infatigables, obtiennent à peine de quoi subvenir à leurs besoins, et pour qui l'épargne est un rêve; c'est aux petits fabricants qui manquent de capitaux pour soutenir leur modeste industrie; c'est, en un mot, aux classes dépourvues en France des moyens de subsister ou de s'enrichir que je dédie cet ouvrage.

Ceux là me comprendront, car c'est leur cause que je plaide; et ils ne traiteront pas d'utopies l'exposé des doctrines que je voudrais faire prévaloir.

Libre à eux de croire cependant qu'une législation financière qui perpétue le monopole et l'égoïsme depuis tant d'années, fera tout d'un coup surgir dans le pays l'égalité et l'aisance pour tous.

L'accroissement de la population, le progrès des lumières, la nature de notre gouvernement démocratique, l'extension du paupérisme, les événements de juin, tout nous fait une loi de réviser sans délai notre code économique, et de combler ses lacunes.

L'égalité décrétée en principe par notre révolution, n'existera en fait que lorsque les classes laborieuses cesseront d'être attachées à la glèbe, sinon par le droit féodal, du moins par la misère.

Il faut que la République puisse nourrir et enrichir tous ses enfants.

A cette capacité surabondante pour le travail et la production dont il est effrayé aujourd'hui, l'État doit être en mesure de répondre avec empressement, en lui offrant les débouchés ou l'emploi nécessaire.

Il en trouvera les moyens dans la faculté de se créer des ressources monétaires, toujours en rapport avec les besoins du pays.

Ajoutons que l'usage de cette faculté, aura pour première conséquence la suppression complète des impôts.

On verrait dès lors l'agriculture, l'industrie et le commerce, affranchis par un numéraire suffisant des entraves que le manque de capitaux leur suscite, atteindre bientôt dans leur essor d'incalculables proportions ; et, pour tout remède à des misères qu'on déplore sans essayer de les guérir, on n'en serait pas réduit à conseiller aux hommes de la prudence dans le mariage et de la résignation dans l'indigence.

ÉCLAIRCISSEMENTS.

Un grand nombre d'écrivains ont parlé de Law ; parmi ceux qui ont traité l'histoire du *système* avec le plus d'autorité et de détails, je citerai :

Dutot, l'un des caissiers de la compagnie des Indes du temps de Law. Voyez ses *Réflexions politiques sur les finances et le commerce*, 2 vol. in-12, publiés d'abord en 1738, et dont deux éditions successives ont paru en 1743 et en 1754.

J.-F. Melon, secrétaire du Régent en 1720, après l'avoir été de Law. Voyez son *Essai politique sur le commerce*. Ce livre eut quatre éditions en 1734, 1736, 1742 et 1761.

Forbonnais (Fr. Véron de) inspecteur général des monnaies, membre de l'Institut. Voyez ses *Recherches et considérations sur les finances de France*. 1re éd., 1758, 6 vol. in-12. — *Prospectus sur les finances*, 1789, in-12. — *Observations succinctes* sur *l'émission de deux milliards d'assignats*, 1790, in-12.

Senovert (le général Et. de). Voyez sa *Théorie pratique des assignats*, 1790, in-12. — Ses *Mémoires justificatifs*, 1790, in-8.

A ces historiens contemporains j'ajouterai :

M. Thiers, qui, dans l'*Encyclopédie progressive*, a également écrit l'histoire de Jean Law et de son *système*.

Melon ayant résumé ce sujet en quelques pages, j'ai cru bien faire de les transcrire ici, dans l'intérêt de mes lecteurs, pour leur éviter des recherches historiques, et pour servir d'éclaircissement à certaines parties de mon travail qui se rapportent aux opinions financières du célèbre Écossais [1] :

« La plus salutaire instruction pour le lecteur, c'est qu'il se rappelle le malheureux état du royaume à la mort du feu roi, et les causes qui l'avaient produit : des dettes immenses, près de trois années de revenu consommées d'avance, les trésoriers n'ayant pas de quoi payer les troupes. Ce n'étaient pas les seuls ni les plus grands maux ; la plupart des terres étaient sans culture ; le discrédit du roi avait entraîné un discrédit général ; à peine le commerce s'étendait-il jusqu'au nécessaire, en sorte qu'on ne devait pas espérer la moitié des recouvrements ordinaires.

« Le Régent, après s'être refusé à une banqueroute proposée comme le seul moyen de sauver l'État, essaya d'une chambre de justice, dont on lui faisait espérer de grandes ressources ; mais elle ne servit qu'à entretenir le discrédit, et à diminuer encore le produit des recouvrements. Il crut trouver dans une banque de quoi soutenir les dépenses indispensables, car il n'en espérait pas, à beaucoup près, les grands succès que l'auteur permettait. Cependant ces grands succès arrivèrent au delà même de toutes les espérances ; et dans moins de deux années, les recouvrements, le commerce, la circulation, tout était animé, tout fleurissait : la banque formée par des particuliers était devenue Banque royale au commencement de 1719.

« Dans le même temps de l'établissement de la Banque, il fut établi une compagnie de commerce d'Occident qui, peu de temps après, fut unie à la compagnie des Indes, dont elle

---

1. Dans le paragraphe qui précède ce résumé, l'auteur s'exprime ainsi :

« Nous en dirons assez pour être entendus de ceux qui ont été témoins du *système* avec quelque attention : un volume ne suffirait pas pour mettre au fait les autres. » Quoi qu'il en soit, il nous a semblé que ce précis historique, tout incomplet qu'il fût, servirait à l'intelligence des faits que, dans les bornes de cet écrit, nous devons chercher de notre mieux à éclaircir.

a pris le nom. Par divers priviléges accordés à cette compagnie, et plus encore par un fanatisme de place [1], ses actions, qui, dans l'origine, n'avaient coûté que cinq cents livres en *billets de l'État* [2], augmentèrent considérablement de prix, et enfin après l'adjudication de la ferme générale, elles haussèrent jusqu'à neuf mille livres à la fin de l'année 1719. Voilà l'époque fatale du plus grand crédit et de la décadence de ce projet, qui devenait grand à mesure que le public s'y prêtait.

« Par arrêt du 27 août de la même année, le roi avait accepté [1] de la compagnie des Indes un prêt de douze cents millions, à trois pour cent, somme prodigieuse, destinée primitivement à rembourser les *contrats sur la ville*, qui par là se trouvaient nécessairement changés en billets de banque, ou en actions ; il y eut de deux sortes d'actions, les *intéressées*, et les *rentières*; les premières suivaient le sort des profits de la compagnie, qui pouvaient augmenter ou diminuer ; le revenu des autres était fixé à trois pour cent. Le changement de dénomination et de la forme du payement alarma beaucoup les propriétaires des *contrats*, accoutumés à leur parchemin et à leurs payeurs de rentes. Il entrait alors dans le projet de faire acquitter le roi envers la compagnie, par la vente successive des actions qu'il s'était réservées.

« C'était la multiplication des valeurs numéraires de la Banque qui avait causé cette prodigieuse hausse des actions, dont les revenus, ne partant que sur le produit de la ferme des tabacs aliénée, sur les profits du bail des monnaies et des fermes, et sur un commerce à peine commencé, ne pouvaient pas procurer un revenu proportionné à un si gros capital. Les valeurs numéraires que la Banque avait distribuées pour argent reçu, augmentaient encore de quatre cent cinquante millions, pour des prêts qu'elle fit à deux pour cent d'intérêt par an, en prenant pour sûreté du payement des actions éva-

1. L'auteur veut sans doute dire : *placement.*

2. C'étaient des créances sur l'État provenant du dernier règne, et qui perdaient 75 pour 100.

1. Lisez : *exigé.*

luées, dans les premiers temps, à deux mille cinq cents livres.

« La plupart de ceux que le ministre écoutait avaient leur fortune en actions, et leur fortune était immense en ces valeurs idéales. Ils étaient débiteurs, ou pour des terres achetées à un prix exhorbitant, ou pour des emprunts à la Banque : la moindre baisse dans les actions consternait leur avidité ; et c'est dans une de ces circonstances qu'ils proposèrent d'en fixer le prix à neuf mille livres, achetées et vendues à la Banque à bureau ouvert. Peut-être aussi que les prêts faits par la Banque achevèrent de déterminer cette funeste opération : ces prêts avaient été commencés sans l'autorité royale, et les emprunteurs, par la chute des actions, n'ayant plus de quoi payer, la Banque se serait trouvée chargée d'actions sans valeur, pour quatre cent cinquante millions de valeurs réelles, dont elle aurait été débitrice au public.

« Il est vrai qu'il y eut quelques amis du ministre qui, sacrifiant leurs intérêts au bien public, conseillèrent d'abandonner l'action au sort de la place, et de soutenir la Banque qui, riche alors, aurait pu faire face même aux billets prêtés imprudemment. Mais on était enivré des valeurs idéales, et on se flatta que l'action portant un grand intérêt serait préférée à la stérilité du billet de banque. Et en effet, le premier jour après l'arrêt, on s'applaudit de ce qu'il y avait plus de ventes que d'achats. Les jours suivants furent bien différents : la Banque ne pouvait pas fournir aux vendeurs. Peut-être y avait-il du complot ; car quel est le ministre qu'une cabale envieuse ne cherche pas à déplacer aux dépens du bonheur public ?

« Enfin la Banque ne pouvait pas être épuisée de billets, parce qu'elle en faisait à mesure de la demande ; mais elle fut bientôt épuisée d'argent que ces billets allaient chercher : malgré la rigoureuse défense d'avoir plus de cinq cents livres, la somme des billets de banque fut de dix-neuf cents millions.

« Le ministre n'avait eu que de bonnes intentions : sa grande âme ne s'étonnait point, et son esprit fertile en ressources lui en offrait toujours de nouvelles, souvent trop hardies et trop peu mesurées avec le génie de la nation, qu'il ne comptait plus pour rien depuis ses succès éclatants. Lorsqu'il vit que ces valeurs numéraires ne pouvaient plus être payées, il imagina de les augmenter encore pour faciliter la libération générale des débiteurs, et des terres saisies, objet digne de l'homme d'État, mais toujours funeste à son auteur [1]. Cette dangereuse superfluité de valeurs numéraires ne devait point durer, et le ministre s'était proposé de les réduire à la moitié par des diminutions successives de mois en mois jusqu'à la fin de l'année, avec une exacte proportion entre l'action, le billet et l'argent réciproquement conversibles. Voilà les motifs du fameux arrêt du 21 mai 1720, où par un calcul peut être réel, mais trop métaphysique, on voulut persuader au public qu'il ne perdait rien en perdant la moitié de ses valeurs numéraires, et que ce qui restait, en acquérant plus de force, procurait encore plus abondamment le nécessaire et le superflu.

« Cet arrêt souleva le public, le cri universel frappa le Régent, qui consentit avec regret à sa révocation ; mais le crédit et la confiance se trouvèrent entièrement perdus. Il semblait depuis ce temps-là que tout était conduit par le seul hasard : ce qui se faisait un jour se détruisait le lendemain, et l'inégalité des billets avec l'argent causait un désordre continuel, qui ne finit que par le retour à l'argent seul, le 1er novembre 1720. Peu de temps après, il fut ordonné un *visa*, avec une réduction des papiers provenant de ces opérations ; et la compagnie des Indes fut mise en séquestre, à la régie des commissaires du roi.

« Le Régent, éclairé par les succès et par les fautes, après avoir rétabli la compagnie des Indes, projetait un nouveau crédit renfermé dans de sages limites, lorsque la mort termina ses grands desseins.

« Nous bornons nos observations à cette époque. »

---

1. Voyez Plutarque, *vie d'Agis* (note de l'auteur).

Je terminerai par l'extrait suivant d'un des ouvrages de Law :

CONSIDÉRATIONS SUR LE NUMÉRAIRE.

Projet d'une caisse hypothécaire, présenté par Jean Law au Parlement d'Ecosse en 1695.

« CHAPITRE VII.

« MON PROJET [1] ; MOTIFS SUR LESQUELS JE L'APPUIE.

« Pour procurer du numéraire à la nation écossaise, on propose qu'il soit nommé par le Parlement quarante commissaires, qui lui seront responsables de leur administration, ainsi que de celle des officiers sous leurs ordres, et qui auront la nomination de ces officiers.

« Que les commissaires auront le pouvoir de monnayer des billets, lesquels seront reçus dans tous les payements où ils seront offerts.

« Qu'un comité du Parlement soit chargé d'inspecter la manutention, et qu'aucun de ces commissaires ne puisse être membre de ce comité.

« Que la commission et le comité s'assembleront, deux fois par an, à la Pentecôte et à la Saint-Martin, et que ces assemblées commenceront dix jours avant et dureront dix jours après chaque époque.

« On présente au Parlement trois modes d'émission pour ces billets : il déterminera dans sa sagesse lequel est le meilleur.

« Le premier est d'autoriser la commission à prêter des billets sur hypothèques en terres, sans que le prêt excède la moitié ou les deux tiers de la valeur, et à l'intérêt ordinaire.

« Le second, de fournir le prix entier des terres sur le pied de la valeur de vingt ans de revenu, plus ou moins, selon ce

---

1. Je n'ai pas l'original anglais sous les yeux, je transcris sur la traduction de M. de Senovert, et je ne puis tout à fait répondre de la fidélité du texte français.

qu'on en aurait offert en argent; la commission entrant en possession des terres, par priviléges accordés à ladite commission ou à ses délégués, et les terres demeurant rachetables jusqu'à l'expiration d'un certain nombre d'années.

« Le troisième, de fournir le prix entier des terres sur la vente et la tradition, qui en seraient faites sans retour, à la commission ou à ses délégués.

« Que les contrats, priviléges ou héritages seront délégués ou transmis en propriété à toutes personnes qui en payeront la valeur à la chambre.

« Que la chambre ne recevra point d'autre monnaie que ces billets.

« Qu'aucune personne qui aura contracté pour ces billets ne pourra être forcée de recevoir de la monnaie d'argent ou d'autre métal.

« Que la commission n'aura pas la faculté de monnayer plus de 40,000 livres sterling à la fois, et qu'il ne sera pas monnayé de nouveaux billets, tant qu'il en restera pour 25,000 livres à la chambre.

« Que pendant dix-huit mois la commission sera bornée à une certaine somme ; mais qu'après ce temps elle aura le pouvoir de monnayer les sommes qui lui seront demandées, à moins qu'elle ne soit restreinte par les Parlements ultérieurs.

« Que ceux qui désireront se procurer la monnaie de la commission, donneront aux procureurs en la chambre, un mois avant le terme, une note des sommes dont ils ont besoin, avec les titres des terres qu'ils offriront en hypothèque ; et que ceux qui auront des billets à payer à la commission, en préviendront dix jours avant le terme.

« Que la situation de la commission, le montant des billets monnayés, la dette et le crédit, avec le dernier numéro des différents billets, seront publiés à chaque terme.

« Que toute personne qui découvrira deux billets sous le même numéro, ou un numéro plus haut que ceux publiés, aura une récompense de 100 livres sterling.

« Qu'il sera confié aux officiers subalternes une somme de 20,000 livres, en billets de moindres coupures, pour échanger les billets, et qu'ils seront présents toute l'année.

« Que tout membre du Parlement pourra inspecter la situation de la commission.

« Que la commission ne pourra monnayer des billets, faire aucun prêt, ou déléguer des droits, qu'aux termes de la Pentecôte et de la Saint-Martin, et en présence de vingt commissaires au moins et d'un tiers du comité.

« Que les revenus de la commission supérieurs aux dépenses, et à ce que le Parlement jugera convenable d'en accorder à la commission, pour garantie de ses pertes éventuelles, seront appliqués, par forme de prime, à l'encouragement de l'exportation des manufactures du pays.

« Que le papier-monnaie ne pourra s'élever plus de 10 pour cent au-dessus des espèces d'argent ; de sorte que celui qui contracte pour payer en papier puisse connaître ce qu'il doit payer, dans le cas où il ne pourrait se procurer de papier-monnaie.

« Le Parlement actuel peut arrêter qu'à ses prochaines sessions, ou au Parlement suivant, on s'occupera de la situation de la commission, de préférence à toute autre affaire ; et si on la juge nuisible au pays, le Parlement pourra interdire l'émission d'un plus grand nombre de billets, et ordonner le rappel de ceux déjà distribués.

« Qu'au bout de trois mois, à partir de la date de l'acte du Parlement, la monnaie d'Écosse et celle étrangère seront rabaissées au taux de la monnaie d'Angleterre : savoir, la couronne anglaise à 60 deniers, et les autres espèces proportionnellement à leur valeur métallique ; savoir, les 40 deniers à 38 deniers, le nouveau marc à 13 deniers un tiers, le vieux marc à son poids, les ducatons à 68 deniers, les dollars à leur poids, et les guinées à une valeur qui n'excède pas 22 schellings.

« Qu'au bout de quatre mois, aucune monnaie d'Écosse, excepté celle qui sera fabriquée en vertu de l'acte, ni aucune monnaie étrangère , excepté la monnaie d'Angleterre , ne sera reçue dans aucun payement, ni vendue comme lingots , si ce n'est à la Monnaie.

« Que toutes les vieilles espèces, ou les lingots apportés à la Monnaie , seront payés leur entière valeur en pièces de 12 , 6, et 3 deniers, à 11 deniers de fin ; les pièces de 12 deniers au poids de 3 gros 3 grains ; les frais de monnayage devront être payés des fonds destinés à cet emploi.

« Que trois mois après l'acte, les nouvelles espèces passeront respectivement pour 13 deniers, 6 $^1/_2$, et 3 $^1/_4$.

« Qu'après trois mois les lingots et la vaisselle seront à 11 deniers de fin, l'once d'argent à 5 schellings 2 deniers, et que l'once d'or ne passera pas 4 livres.

« Le papier-monnaie proposé sera égal en valeur à l'argent ; car il aura une valeur hypothécaire égale à la même somme d'argent monnayé, que l'on donne pour cette valeur.

« S'il survenait quelques pertes, un quart du revenu de la commission serait, selon toute apparence, plus que suffisant pour en répondre. »

Imprimerie de GUSTAVE GRATIOT, 11, rue de la Monnaie.

www.ingramcontent.com/pod-product-compliance
Ingram Content Group UK Ltd.
Pitfield, Milton Keynes, MK11 3LW, UK
UKHW022303120726
13694UKWH00003B/1222